倉央嘉措

塵封三百年的祕密

白瑪僧格——編著

解開六世達賴生死之謎

第六世達賴喇嘛倉央嘉措，除了是藏傳佛教格魯派的轉世活佛，也是西藏有史以來最具爭議的人物。他流傳後世、膾炙人口的不是佛法義理，而是情詩般動人的文學作品。他的生平及死因如一團迷霧，迄今三百年鮮少人能窺見歷史真相。

❦ 目錄 ❧

降邊嘉措推薦序   11

生死篇

第一章　在西藏最美之處誕生   21

藏傳佛教上師最尊   21

轉世認證前生是誰   23

前世為五世達賴   25

生於蓮花般的聖地   29

來自特別的家族   31

天降異相大地震動   33

第二章　與眾不同的童年特異能力   35

能預言過去和未來   35

生活處處顯現修行   36

五世達賴示寂保密十二年   37

弟子秘尋轉世靈童   41

布達拉宮正式坐床   43

學習表現異常聰慧   45

第三章　轉世靈童的嚴格教育 　47

不分派，遍學三藏典籍 　47

舉行剃度受戒儀式 　51

布達拉宮正式坐床 　52

政教合一的管理宮殿 　56

第四章　領受無上密法傳承 　59

五世班禪為根本上師 　59

根本上師之二：甘丹赤巴 　61

根本上師之三：一世嘉木樣 　63

根本上師之四：仁增・德達林巴 　67

隱居潛修後的師承 　68

第五章　集重要的法統於一身 　71

格魯派的起源 　71

黃帽派的由來 　72

格魯派創始人：宗喀巴大師 　73

強調聞法與持戒並重 　83

格魯派的傳承 　89

格魯派的根本道場 　96

第六章　生逢政變淪落邊地　　97

清廷冊封確立政教地位　　97

歷經西藏政權更迭　　99

最偉大的第巴—桑結嘉措　　102

兩派相爭內亂不斷　　104

政治與宗教角力的犧牲品　　109

真假六世達賴風波　　111

第七章　招毀謗誣陷，遭放逐失蹤　　113

蒙古強奪西藏政權　　113

康熙帝皇廢達賴封號　　114

偽立的「六世達賴」　　116

遊戲神通凡夫不識　　118

眾業召感誹謗出走　　120

因緣有定順天時　　124

第八章　隻身遁去永離塵囂　　127

神秘失蹤訛傳紛紜　　127

是生是死說法各異　　128

第九章　大風吹！吹起十年奇蹟旅程　　137

　　遊歷青海、康巴　　137

　　遊歷四川、甘肅　　139

　　遊歷印度、尼泊爾　　142

　　朝禮「聖湖」瑪旁雍錯　　145

　　遊歷青海省安多　　149

第十章　在阿拉善三十年的甚深因緣　　151

　　至內蒙古弘法利生　　151

　　第巴桑結嘉措的轉世靈童　　153

　　在阿拉善的得意門徒：阿旺多爾濟　　156

　　瑪旁雍錯聖湖顯現因緣　　160

第十一章　與各大寺院的不解之緣　　163

　　青海賽科寺（廣惠寺）　　163

　　甘肅塔布寺（石門寺）　　167

　　阿拉善昭化寺　　169

　　青海夏瓊寺　　173

　　青海郭隆寺（佑寧寺）　　174

　　駐錫阿拉善盟　　177

　　內蒙古廣宗寺（南寺）　　180

第十二章　法筵大開收服貴族　193

　　以神通力降服福晉　193

　　王爺懾服願為護法　197

　　感動公主禮拜上師　198

　　皇帝賜封「達格布呼圖克圖」　201

第十三章　不可思議的涅槃勝況　205

　　示現病容預知時至　205

　　左肘流出透明甘露　208

　　肉身不壞生死自在　209

　　再次轉生為德頂格根一世　211

詩歌篇

前言一　以歌傳道知多少？　217

前言二　詩歌亦道歌　221

譯本一　倉央嘉措情歌——古本 66 首　229

譯本二　倉央嘉措情歌——古本 66 首　253

譯本三　倉央嘉措情歌——古本 124 首　271

附錄篇

附錄一　倉央嘉措年譜　309

附錄二　本書參考目錄　315

降邊嘉措推薦序

我所知道的倉央嘉措

　　當拿到易先德先生撰寫的《風中的白蓮》（編按：簡體版書名，繁體版更名為《六世達賴塵封三百年的祕密——解開倉央嘉措生死之謎》），我感到十分欣慰且高興。我認為，這是關於倉央嘉措研究的一個新成果。

　　六世達賴仁增倉央嘉措是一位偉大的詩人，同時也是一位悲劇人物——是當時風雲變幻、錯綜複雜的整個中國政治形勢和西藏地方政治鬥爭的犧牲品。在那樣一個特殊的年代，他被認選為五世達賴喇嘛的轉世靈童本身，就已決定了他悲劇的命運。然而，倉央嘉措本人的真實情況，人們知道得並不多。關於他的生平事蹟，很多都被掩蓋、被歪曲、被篡改。這種情況的發生，都與當時的政治鬥爭和社會環境密切相關。加之作為第五世達賴喇嘛的轉世靈童這樣一個特殊身分，又蒙上了一層神秘色彩。

　　歷代達賴和班禪都有傳記。如同漢族有寫家譜的傳統，藏族社會有寫傳記的傳統；每一位高僧大德、土司頭人、貴族農奴主，幾

乎都有撰寫傳記的傳統。而歷代達賴、班禪，更有人專門為他們作傳，這是一筆無比豐富的文化遺產。但是，唯獨六世達賴倉央嘉措沒有正式的、官方撰寫的傳記；他的生平事蹟，也沒有多少真實可信的文字資料。著名藏學家牙含章在《達賴喇嘛傳》一書中，不得不用「撲朔迷離的達賴倉央嘉措」這樣一個標題來介紹他的生平。牙含章說：「六世達賴法名倉央嘉措，係藏南門隅之宇松地方人，藏曆十一個『饒迴』之水豬年（清康熙二十二年，1683 年），生於一戶農民家庭，父名札喜頓贊，母名才旺拉莫。康熙三十六年（1697年），第巴（「第巴」為藏語，即攝政）桑傑嘉措選定倉央嘉措為六世達賴的靈童，是年九月自藏南迎到拉薩，途經朗卡子宗時，事先約好五世班禪羅桑益喜（1663 年—1736 年）在此會晤，拜班禪為師，削髮受戒，並取法名為羅桑仁增倉央嘉措。藏曆十月二十五日，被迎至布達拉宮，舉行了坐床典禮。」

清康熙四十年（1701 年），固始汗之孫達賴汗逝世，其子拉藏汗繼承汗位。康熙四十四年（1705 年）七月，藏軍與蒙古軍隊發生武裝衝突，藏軍被蒙古軍隊擊潰，德司桑傑嘉措被殺害。書中接著說：「事變發生後，拉藏汗另委隆素為第巴，代替了桑傑嘉措；一面派人赴北京向康熙報告桑傑嘉措『謀反』的經過，並奏桑傑嘉措所立的倉央嘉措不是真達賴靈童，平日耽於酒色，不守清規，請予『廢立』。康熙帝派侍郎赫壽等人來藏進行『安撫』，並敕封拉藏汗為『翊法恭順汗』，賜金印一顆。倉央嘉措『詔執獻京師』。」

關於倉央嘉措的命運，牙含章說：「清康熙四十五年（1706年），倉央嘉措被『解送』北京，據說行至青海海濱逝世，時年二十四歲。」

倉央嘉措從誕生、被認選為轉世靈童、迎至布達拉宮，到被拉藏汗「執獻京師」為止，藏文與漢文文獻記載大體是一致的，當然隱去了很多細節。但以後的情形，就眾說紛紜，甚至十分離奇，可信度不大。《西藏民族政教史》有這樣一段記載：「嗣因藏王桑結嘉措與蒙古拉藏汗不睦，桑結嘉措遇害，康熙命欽使到藏調解辦理，拉藏復以種種雜言謗毀，欽使無可如何，乃迎大師晉京請旨，行至青海地界時，皇上降旨責欽使辦理不善，欽使進退維難，大師乃捨棄名位，決然遁去，周遊印度、尼泊爾、康、藏、甘、青、蒙古等處，宏法利生，事業無邊。」

另一種流傳較為廣泛的說法，來源於阿旺倫珠達吉所著《倉央嘉措秘傳》。中央民族學院教授莊晶在文化大革命這樣一個動亂的年代，潛心向學，花費幾年的時間，將它翻譯成漢文。改革開放之後，1981年由北京民族出版社出版，我恰好擔任這本書的責任編輯。

我曾參加馬學良教授和佟錦華教授主編的《藏族文學史》的編寫工作。莊晶是馬學良教授的學生，與佟錦華教授是同班同學。他們師生之間合作得很好。在這期間，我曾與他們幾位就倉央嘉措的

生平事蹟、詩歌的思想內容和藝術特色，以及他在藏族文學史上的地位和影響，進行深入探討。藏、漢文對照的《倉央嘉措情歌》（附《倉央嘉措秘傳》），是我在民族出版社歷經二十四年翻譯、編輯生涯當中編輯的最後一本書。該書正式出版時，我已到中國社會科學院民族文學研究所從事藏族文學研究。

倉央嘉措的詩歌在藏族地區廣泛流傳，可以說家喻戶曉，男女老少皆喜歡。近幾年，在漢地也掀起了一股「倉央嘉措熱」，他的傳記與詩歌被翻譯編輯成多個不同的版本。很多漢族朋友和讀者關心倉央嘉措，關心藏族文化，我感到很高興。我認為，這是一件好事，有利於促進各民族之間的文化交流和相互瞭解，增進各民族之間的團結和友誼。

同時，我們也應該注意到，這些與倉央嘉措相關的書籍或網路文章，有不少是龍魚混雜、真假難辨，因為有些內容根本與倉央嘉措無關。如電影《非誠勿擾2》的片尾曲〈最好不相見〉，裡面與倉央嘉措有關的，也只有片尾曲的前四句而已。

另外，「第一最好不相見，如此便可不相戀。第二最好不相知，如此便可不相思。……第九最好不相依，如此便可不相偎。第十最好不相遇，如此便可不相聚。」這首詩，也只有第一、二句與倉央嘉措有關。

而網路中流傳很廣的〈那一天〉：「那一日，我閉目在經殿的香霧中，驀然聽見你誦經的真言；那一月，我搖動所有的經筒，不為超度，只為觸摸你的指尖；那一年，磕長頭匍匐在山路，不為覲見，只為貼著你的溫暖；那一世，轉山轉水轉佛塔，不為修來世，只為途中與你相見……。」還有「你見或不見我，情都在那裡，不增不減……。」其實，這些詩也與倉央嘉措毫無關係，而是 1997 年朱哲琴演唱的歌曲〈信徒〉的歌詞。

　　倉央嘉措的詩，翻譯成漢語已有八十多年歷史了。1924 年左右，原中央民族學院教授于道泉將《倉央嘉措詩歌》翻譯成漢文，共計六十二首；1930 年，于道泉教授的漢、英對照本《第六代達賴喇嘛倉央嘉措情歌》出世，這是第一次將倉央嘉措的詩翻譯成漢文和外文，介紹給國內外讀者。1939 年，在蒙藏委員會任職的曾緘又將倉央嘉措的詩翻譯成七言絕句，其中較知名的「曾慮多情損梵行，入山又恐別傾城。世間安得雙全法，不負如來不負卿。」即出自這個版本。

　　到底倉央嘉措寫的詩，是「詩歌」還是「情歌」？見仁見智，有著不同的理解和解讀。多數人認為是「情歌」。其實在藏語中，原文是「倉央嘉措古魯」，「古魯」是「道歌」的意思，藏語裡沒有叫「倉央嘉措情歌」的，是漢族人解讀成情歌的。1981 年，民族出版社出版的《倉央嘉措情詩與秘傳》，用「情詩」作為標題，那

是因為怕用「道歌」可能產生與宗教和迷信相關的誤解，是當時的政治環境所決定的，那時文化大革命剛剛結束，凡涉及宗教題材的圖書，都不讓出版。

倉央嘉措身為西藏著名的詩人和活佛，尤其是他的後半生，結局到底如何？這是三百年來懸而未決、難下定論，幾成「懸案」之謎團。1981 年，莊晶教授將《倉央嘉措秘傳》翻譯成漢文，加上內蒙古阿拉善旗的南寺、甘肅塔布寺等地發現一些傳說是與關倉央嘉措相關的遺物，使得更多的人相信「倉央嘉措後半生是在內蒙古阿拉善旗度過的」這樣一種說法。

按照《秘傳》的說法，倉央嘉措被押解京師途中，先在康區遊歷，然後到五臺山和蒙古地區，再返回西藏，護法神乃瓊當眾認出了他，向他頂禮膜拜。隨後倉央嘉措又沿著喜馬拉雅山，到印度、尼泊爾朝佛。回國後，再次去蒙古地區。最後，大約在藏曆牛年（按推算，應是乾隆十年，即西元 1745 年）圓寂，享年六十二歲。

五臺山有個山洞，傳說倉央嘉措曾在那裡修行。《十三世達賴喇嘛傳》裡記載，十三世達賴到山西五臺山朝佛時，曾親自去參觀六世達賴倉央嘉措閉關坐靜的寺廟。在內蒙古的阿拉善旗，有一寺院，傳說倉央嘉措曾在那裡居住。還有人說，阿拉善旗有南、北二寺，南寺是倉央嘉措主持修建的。當地有很多關於倉央嘉措的傳說。

現在很難說清楚，是先有倉央嘉措曾在五臺山修行、阿拉善旗居住的傳說，再有《秘傳》的記述；還是先有《秘傳》流傳於世，然後演繹出這些傳說。

縱觀倉央嘉措的一生，是個悲劇人物，是當時西藏錯綜複雜的政治鬥爭的產物。這位被譽為「雪域一神」、身居政教合一的政權機構最高地位的活佛，的確不是一位優秀的政治家，更不是一個西藏僧俗群眾心目中理想的達賴喇嘛。但是，倉央嘉措是一位天才的詩人，他寫的詩歌在藏族文學——是藏族詩歌發展的歷史上具有重要的影響和地位。

這本《風中的白蓮》（繁體版《六世達賴塵封三百年的祕密——解開倉央嘉措生死之謎》），正是以莊晶教授所譯的《倉央嘉措秘傳》為藍本，並依據近現代的史料及考古相關資料，參考各種學術專著考據、整理編撰而成的，對暸解倉央嘉措其人其事以及歷史脈絡，提供不少可貴的資料！

此書用白話的方式講解出來，通俗易懂，文字流暢，可讀性很強，描述了一個比較清晰、比較完整的歷史畫面，成一家之言。從內容來看，作者在考據與論證作了大量的工作，我相信它會成為研究倉央嘉措的一部有價值的著作，對促進和推動倉央嘉措研究會產生積極作用。

因此，熱烈祝賀《風中的白蓮》的出版。

降邊嘉措

2011 年 10 月 25 日於北京

✠ 生 死 篇 ✠

❧ 第一章 ❧

在西藏最美之處誕生

藏傳佛教上師最尊

依佛教的說法，每個人乃至動物都有無量的前生和來世，因此有「三世輪迴」之說。但是，除了六道輪迴之外，還有解脫的涅槃之境，故有凡聖的不同。所以，同樣是輪迴，凡夫只能無奈地被業力牽引，而聖人則可以自在於輪迴。要求得生死自在、輪迴隨心，那就得修學佛法，並依次第而求證悟、解脫。

所謂修行，是修正行為，即修正我們錯誤的說法、做法、想法，進而轉化身心，證得解脫。解脫一詞，不光只是佛教所講，也不只有佛教徒才能證得，自古以來就有嚮往者、思索者、探求者、親證者，如中國的道教、印度的印度教（婆羅門教）、耆那教，西方的基督教、天主教、伊斯蘭教、猶太教等（或許他們用的是「上生天堂」來代表解脫），這些宗教無不是以追求幸福、離苦得樂為宗旨，也是本著探求宇宙、人生的真理而開啟智慧的。

佛教源自印度，自西漢末年（一說是東漢初年）傳入中國，經三國、兩晉而至南北朝時期，漸漸傳播開來，日益影響我國的文化傳統，如藝術、音樂、繪畫、雕刻、歷史、文學、政治、哲學、宗教，乃至天文、曆算等等，隨處可見佛教的身影。此後，佛教經隋唐、宋、元、明、清，一直到近現代，可以說已深深地融入中國的文化血液，成為傳統文化命脈中不可分割的重要組成部分。中國佛教按特色，又分為漢傳佛教和西藏佛教。

　　西藏佛教最早是從漢地傳入，後來又直接從尼泊爾和印度傳入，故有兩條傳播路線；最大的特色之一為四皈依和「活佛轉世」制度。四皈依，即皈依金剛上師、皈依佛、皈依法、皈依僧。四皈依中將「皈依金剛上師」放在首位，上師的重要性甚至超過三寶；這是緣於藏傳佛教將上師視為三寶的等量化身或報身，此維觀修法門及尊師重道的權巧方便，確實有過人之處。

　　按照藏傳佛教理論，具量上師稀有難得，能依不同根器向弟子施以教誨，並引導其趨向解脫，使弟子在修行路上少走許多彎路。上師之恩如同再造父母（或視為法身父母），所以重要性放在首位。另一說法，是指具量上師是佛菩薩乘願而來，示現凡夫身以度化有緣之人，其本身即是三寶具足的代言人（或佛菩薩親臨教化），因此視上師如佛無二（或等同佛菩薩）。

轉世認證前生是誰

　　活佛轉世在佛教教義上的依據，是大乘菩薩乘願化身投入生死輪迴，以度化眾生的一種方式，所以有密教瑜伽成就者能夠自在轉生、化身示現之說。據傳，此事始於印度「光明大手印」傳承一系，原為教團內部用以證明修行獲成就的一種方法，與世俗社會無關。

　　西藏的「活佛轉世」制度，創立於西元十三世紀，最早起源於噶瑪噶舉派。「活佛」是漢地的俗稱，藏語名「祖古」，蒙語譯為「呼畢勒罕」，為「化身」、「轉世化身」之意，指修行有成就的高僧圓寂後，乘願轉生或化身示現於人間，經佛教界和政府以特定方法來尋找和辨認，確認其轉世投胎的事實，即是藏傳佛教特有的「活佛轉世」。轉世制度始於噶瑪噶舉派第二代祖師噶瑪巴希（1204年—1283年），據信他神通廣大，曾受元 · 憲宗蒙哥供養，賜以金邊黑色僧帽。他圓寂後，弟子鄔堅巴主持教務，覓得讓迥多吉為噶瑪巴希的「轉世靈童」，遂攜入祖樸寺培養成材後繼承法位，並說噶瑪巴希是噶瑪派開創者、著名的「知三世者」杜松虔巴（1110年—1193年）的轉世，又說杜松虔巴是觀音菩薩的化身。後來，噶瑪派又分為黑帽、紅帽兩大活佛轉世體系。

　　黑帽系的傳承中，第五世活佛德新謝巴（1384年—1415年）曾被明成祖敕封為「如來大寶法王西天大善自在佛」，此後黑帽系

的歷代法王皆承用「大寶法王」封號，至今第十七世大寶法王，名為鄔金欽列多傑。自此，藏傳佛教各派多承襲噶瑪噶舉派的「活佛轉世」制度，如格魯派先後開啟了「達賴」、「班禪」兩大活佛轉世體系。爾後，藏傳佛教諸派寺院普遍採用活佛轉世制度，大多數受到歷代政府的承認、支持和管理，而大活佛或中活佛，一般都要由政府冊封才被認可。

班禪的稱號始於 1645 年（清順治二年）。當時，控制西藏實權的蒙古首領固始汗封宗喀巴的四傳弟子羅桑 · 確吉堅贊為「班禪博克多」。「班禪」是梵語「班智達」（學者）與藏語「禪保」（大）的省稱，意為「大學者」；「博克多」則是蒙語，意為「有智有勇的英雄人物」，合起來是「智勇具足的大學者」。1713 年（清康熙 52 年），清朝康熙皇帝正式冊封第五世班禪羅桑益西為「班禪額爾德尼」（意為「珍寶一般的上師」），並賜金冊金印，稱為「五世班禪」，從此確立了班禪在格魯派中的地位。

達賴的稱號始於 1578 年（明萬曆六年），確定於第三世達賴索南嘉措時期。當時，索南嘉措到青海地區傳法，說服了土默特部的首領俺答汗皈依佛門，他們彼此推崇，並互贈尊號。俺答汗贈給索南嘉措的尊號為「聖識一切瓦齊爾達喇達賴喇嘛」，意為「超凡入聖的智慧如大海一般的上師」。此尊號一開始僅是蒙、藏領袖人物之間的互贈，到 1587 年（明萬曆十五年）時，明朝政府正式承

認這一稱號，並派使節敕封索南嘉措為「三世達賴喇嘛」（前兩世達賴喇嘛為後人追認的）。

1653年（清順治十年），五世達賴羅桑嘉措應清帝之邀到北京，順治皇帝沿用了俺答汗對三世達賴的尊號，正式冊封他為「西天大善自在佛所領天下釋教普通瓦赤喇怛喇達賴喇嘛」，並授予金冊和金印（金印刻有漢、滿、藏三種文字）。從此，「達賴喇嘛」封號開始具有政治意義和宗教意義。1751年（清乾隆十六年），清朝為了更好地治理西藏，又令七世達賴喇嘛掌管西藏地方的政權，實行政教合一的治理方式，達賴轉世體系自此開啟了政、教合一的特殊生涯。

前世為五世達賴

按照西藏「活佛轉世制度」的說法，第六世達賴是由五世達賴羅桑嘉措投胎轉世，這樣的活佛被稱為「化身」，意謂著「化現另一個身軀來度化眾生」。

五世達賴羅桑嘉措（1617年—1682年，另譯阿旺羅桑嘉措），意譯為「善慧海」，1617年（明萬曆四十五年）生於前藏瓊結地方（今山南）；母名貢噶拉則，父名都杜饒丹，為世襲的「宗本」（縣官）。

羅桑嘉措本名貢噶明居多嘉旺季嘉波，後認定為第四世達賴雲丹嘉措（Yon-ton-rgya-mtsho，意譯「功德海」，內蒙古土默特，即今呼和浩特人，俺答汗之曾孫）的轉世。當時，主持認定他為「轉世靈童」的人有四世班禪羅桑・卻吉堅贊、貢喬群培活佛（五世達賴羅桑嘉措幼年時的上師和監護人），還有蒙古土默特部的拉尊羅桑丹津嘉措和準噶爾部洪台吉的代表。

　　1622 年（明天啟二年），羅桑嘉措六歲時，在四世班禪羅桑・卻吉堅贊主持下，被迎請至哲蚌寺舉行「坐床」。1625 年（明天啟五年），拜四世班禪為師，受了沙彌戒；1637 年（明崇禎十年），四世班禪又給為他授了比丘戒。1638 年（明崇幀十一年），統領青海全境，是青海、蒙、藏各個部落的首領固始汗，來到拉薩會見四世班禪與五世達賴，當時五世達賴還為固始汗舉行隆重的法會，並授予他「敦真卻吉嘉波」的稱號，意為「國師」或「佛教護法王」。

　　1642 年（明崇禎十五年），固始汗到了拉薩實行周密計畫後，很快就一舉摧毀「噶瑪政權」，並建立了以五世達賴為中心的「噶丹頗章政權」，由藏王（即第巴）總理一切政務。五世達賴執政前，身兼哲蚌寺的第十五任赤巴和沙拉寺的第十七任赤巴。自此以後，歷代的達賴即為哲蚌寺和沙拉寺的寺主（即主持），其他人皆不得就任，多由達賴委派一名堪布代表他管理。

1651 年（清順治八年），順治帝專派專使來到拉薩，請五世達賴進京。五世達賴應邀於 1652 年（清順治九年）農曆十二月十六日到達北京，住進清廷為他特意修建的西黃寺（位於安定門外）。1653 年（清順治十年），五世達賴以「水土不宜」為由，呈請順治帝批准返藏；離開北京前，順治帝賞賜了大量的厚重禮品。

　　五世達賴於返藏途中，當行至代噶（今內蒙古自治區涼城縣境內）地方時，順治帝派禮部尚書黨羅朗丘、理藩院侍郎席達禮等追趕前來，送上順治帝親自冊封達賴的金冊、金印，上頭刻有漢、蒙、藏、滿四種文字；金印的全文是「西天大善自在佛所領天下釋教普通瓦赤喇但喇達賴喇嘛之印」，金冊則厚達十五頁。從此，五世達賴的聲望大振，影響遍及信仰格魯派的各個民族和其他廣大區域。五世達賴從北京返藏後，用清廷賞賜的大量金、銀，在前、後藏新建了十三所格魯派大寺，後人稱為「格魯派十三林」。

　　1679 年，五世達賴任命經他培養多年的桑結嘉措為第巴，而晚年的五世達賴則專心於著書立說。他的著述共有外、內、密三大類，如下：

　　一、外集。一般性教法，共有二十一函，內容可分為六類：第一傳記類，有《五世達賴喇嘛自傳》、《三世達賴喇嘛福海傳》、《四世達賴喇嘛功德海傳》和《西藏王臣史》等十八種；第二注疏類，

有《入中論疏》、《現觀莊嚴論釋難》、《俱舍論疏》和《羯摩儀軌疏》等六種；第三密法類，有《供養上師儀軌》、《能怖金剛常修法》、《紅閻曼德迦五尊修法》和《勝樂五尊修法》等三十七種；第四讚詠類，有《十方諸佛菩薩學無學僧伽讚》等五種；第五教授教誡類，有《菩提次第講授》、《甚深中觀修法》、《三種主要道密意疏》和《普告漢藏胡蒙貴賤文》等十種；第六雜文，有《路引》、《兩尊釋迦佛像久住文》和《回向功德文》等五種。

　　二、內法。內法有達賴喇嘛的聞法錄和寧瑪派所傳的各種修法並諸本尊護法的修法等，共有四函，計一百五十餘種法門。

　　三、密法。密法類共有兩函，著名的有《相件新釋》、《西藏王臣記》、《菩提道次第論講義》、《引導大悲次第論》、《自傳》、《三世達賴傳》、《四世達賴傳》、《大宿爾傳》、《極密大圓滿教論史》等。五世達賴還對格魯派寺院進行了全面整頓，制定了嚴格的僧制，規定了每座格魯派寺院的常年居住的僧數，如甘丹寺規定為三千三百名，沙拉寺五千五百名，哲蚌寺七千七百名，扎什倫布寺三千八百名等，後來相沿不變。藏曆第十一繞迴之水狗年（1682年，清康熙二十一年），五世達賴在布達拉宮圓寂，時年六十六歲。

生於蓮花般的聖地

六世達賴的出生地，一直以來也有不同說法或結論，總之頗有爭議。依筆者考證得知，倉央嘉措的出生地是西藏南部門隅（即今「山南錯那縣之南」），一個叫「納拉沃域松」的地方，屬於門巴族；祖上久居與三地相連接的派嘎村，派嘎村原屬門隅三十二錯中的「夏日錯」所管轄。

「域松」是「三地」的意思。三地是指烏金淩寺、桑結淩寺和措吉淩寺所在地；「沃域」為「窪地」之意。「沃域松」合起來就是「三窪地」；「納拉」為「鼻山」之意，「納拉沃域松」即「鼻山下之三窪地」。

九世紀至十三世紀，門隅被稱為「白隅欠布白瑪崗」，意為「隱藏著的像蓮花一樣的聖地」。門隅在喜馬拉雅山的東南坡，也就是與今天墨脫縣相鄰的錯那縣門達旺，主要生活著門巴族。因錯那有聖山公堆頗章，所以是藏民們喜愛朝聖的地方。而錯那縣是門巴族主要的居住地，另一個地方就是我們熟悉的墨脫縣。

墨脫，古稱「白瑪崗」；「白瑪」是藏語「蓮花」的意思，「崗」是刻畫的意思，合起來的意思就是「刻畫的蓮花」，是西藏傳說中的佛教聖地。藏傳佛教大藏經《甘珠爾》中有記載：「佛之淨土白瑪崗，聖地之中最殊勝。」所以這裡後來成為藏傳佛教信徒頂禮膜拜的聖地，是藏傳佛教信徒嚮往的蓮花寶地。

墨脫原本不是門巴人的故鄉，而是門巴人在近一、兩百年前才開始東遷到此。門巴人千里迢迢來到白瑪崗後，便在這塊富饒的地方建立村寨，並定居下來。而在東遷途中，有一支門巴人走錯了方向，最後落腳在今日林芝地區的排龍一帶；因此，西藏的門巴族聚居區主要便在錯那、墨脫和排龍三地。門巴族的「門」是指門隅，「巴」藏語指人，藏語「門巴」的意思就是「生活在門隅地方的人」。

墨脫位於雅魯藏布江下游，歷來被人們譽為西藏的「西雙版納」或「小西雙版納」。墨脫在藏族人民心目中是宗教信徒朝聖的「蓮花寶地」，有聖山布達切波雪峰以及聖河仰桑河而聞名。從墨脫再往東就是錯那縣，過了錯那縣就是不丹國，可以說錯那縣是西藏東部最遠的地方。

據藏文史籍記載，早在七世紀時期，吐蕃王朝的疆域就已拓展到墨脫。十三世紀時，元朝勢力佔領這一區域。到了十四世紀至十五世紀，當時占領導地位的藏傳佛教帕竹噶舉派將此地作為本派的世襲領地。十七世紀，五世達賴派弟子到門隅地區弘揚格魯派，並擴建了達旺寺。

因羅桑仁欽‧倉央嘉措出生在此地，為門巴族人增光不少，加上他留下的不朽詩集──《倉央嘉措情歌集》在海內外享有盛名，使門隅這一地區名聲廣傳。至今，門巴族地區仍流傳著許多關於倉央嘉措的神奇傳說，門巴族人也引以為豪。

來自特別的家族

倉央嘉措的出生地「域松」（在今門達旺的西部附近），即「三地」，指烏金淩寺、桑結淩寺和措吉淩寺所在之地域。根據《白馬仁青》專集一書記載，很早以前，有個發現「伏藏」的紅教大師烏金桑布（1323年—？）曾在這三個地方分別建有屬寧瑪派的烏金淩寺、桑結淩寺和措吉淩寺，因此而得名。

「域松」（「沃域松」、「納拉沃域松」）並不是什麼村莊、城鎮的名稱，而是泛指一個地區，含有「地方」、「地帶」和「地區」的意思。門隅在喜馬拉雅山的東南坡，也就是與今天墨脫縣相鄰的錯那縣門達旺。

傳說，倉央嘉措的父親是十三世紀著名的掘藏大師仁增‧白瑪嶺巴的曾孫。仁增‧白瑪嶺巴的兒子仁增‧烏金嶺巴，名諱仁增‧紮西丹增（漢意譯為「吉祥持教」），是十四世紀著名的掘藏大師，同時也是得了無上密法傳承的金剛上師，掘藏出藏傳佛教寧瑪派中著名的《蓮花遺教》及「五部遺教」──《鬼神遺教》、《國王遺教》、《後妃遺教》、《大臣遺教》、《高僧遺教》）。

烏金嶺巴（倉央嘉措的曾祖父）是寧瑪派（即紅教）的著名大師，《白瑪仁青》中說他為傳播法教，路經不丹（不丹是位於喜馬拉雅山東麓之小國，素有「秘境龍國」之稱）而來到門隅。最早發

現「拜籠」（意為「被隱藏著的好地方」，即今門達旺）這個地方；後來，他又到拜籠附近的索旺地方（即今錯那縣）居住多日，灌頂傳法，宏揚佛教。之後，他的兒子烏金桑布（即烏金淩巴）在達旺建立起了達旺寺（達旺的「旺」，即「灌頂」的意思），在索旺地方建立三個寺——烏金淩寺、桑結淩寺和措吉淩寺。

倉央嘉措的母親為贊普後裔，是被放逐至洛紮地方的法王赤熱巴巾的兄弟藏瑪王了的後代。史書中記載，她是一位品德高尚、信仰虔誠、施捨大方、文雅蘊藉，杜絕五惡兼備八德，與丈夫志同道合、能多生育子女、等級相當、門第高貴、夫妻和睦、不嫉妒別人、不貪嘴薄舌、不邪視、不為別人引誘，善良賢慧的女人。

倉央嘉措的母親名傑日·次旺拉姆（漢意譯為「自在天女」），出身王室，人品高潔、容貌姣美，為當時人所共知。她的美名遠播、懿德昭著，懷孕後益加知書達禮、樂善好施，具備聰慧、謙讓、無畏、博聞、賢能等美德，並較未懷孕時更溫和、勤勞、喜靜，能忍讓、守信、節儉、知恥，能遠離說謊、欺詐、嗔怒等惡習，貪、嗔、癡三毒之心極少，杜絕和遠離女人所有缺點與弊端。凡是婦人所具美德無一缺少，持家有道、教育有方，種種功德福相一應俱全，堪稱圓滿母德，舉凡佛經中所記載有關孕育聖者的佛母所應具備的「三十二種福德」，一應無缺。

倉央嘉措的祖上曾久居在三地相連接的派嘎村，派嘎村原屬門隅三十二錯中的「夏日錯」所管轄。而倉央嘉措並非誕生在派嘎村，那裡只是他的祖籍。到他的父輩時家庭已非望族，據說他的舅父和姑母視財如狼，惡意奪走了他父母為數不多的財產及房屋。之後，他的父母只得遷居到緊靠烏金淩寺旁邊的一所小房裡，倉央嘉措就誕生在那裡。傳說，居住在門達旺的人都知道倉央嘉措的出生地是在烏金淩，而他誕生的那所小房至今仍保存著，現已被人們視為聖地，尤其是門巴族的百姓更是經常前來朝拜。

天降異相大地震動

倉央嘉措誕生時，曾出現許多奇異徵兆，如：虹彩空橫，天雨神花，異香撲鼻……。此外，還有許多穿戴華麗寶石的空行與空行母，及身著披風和頭戴通人冠的眾多喇嘛，他們一同前來給新生的嬰孩進行沐浴。

剛落地時，大地震動三次，同時天上降下花雨；另外，還有枝綻花蕾、樹生葉芽、七日同升、彩虹罩屋等異相。另外，經中還記載，倉央嘉措具備佛陀的三十二種吉相。這三十二種吉相為：1、肉髻突兀；2、頭閃佛光；3、孔雀頸羽色的長髮右旋著下垂；4、眉宇對稱；5、眉間白毫有如銀雪；6、眼睫毛酷似牛王之睫；7、眼睛黑白分明；8、四十顆牙齒平滑、整齊、潔白；9、聲具梵音；10、味覺最靈；11、舌頭既長且薄；12、頷輪如獅；13、肩膊圓滿；

14、肩頭隆起；15、皮膚細膩；16、顏色金黃；17、手長過膝；18、身如獅子；19、體如檉柳勻稱；20、汗毛單生；21、四肢汗毛旋向上、勢峰茂密；22、大腿渾圓；23、脛如獸王系泥耶；24、手指纖長；25、腳跟圓廣；26、腳背高厚；27、手掌腳掌平整細軟；28、掌有蹼網；29、腳下有千輻輪；30、足安平相；31、馬陰藏相；32、身縱廣相，具有這種吉相的人「應是大慈大悲的觀世音菩薩」的化現。

另一本經則說，他能回憶起前世住在什麼地方，今生住在什麼地方，叫什麼名字、種性、家族背景、年齡、相貌等。可見，他與一般小孩確實不同。

❦ 第二章 ❧

與眾不同的童年特異能力

能預言過去和未來

在《不盡智慧所指經藏》經典中提及，倉央嘉措能說話時就宣稱：「我不是小人物，而是三界的怙主，殊勝尊者羅桑嘉措。」、「我從拉薩布達拉來，所以要盡快回去，久已把第巴和眾多僧侶拋棄了，也應去朝見『覺沃仁波切』了！」（覺沃仁波切，即釋迦牟尼佛。）身邊有人問他：「您是什麼人？」他說：「我是阿旺羅桑嘉措，雖然有第巴等人眾，但我的權力比他們的都大，現在我要到布達拉去了。」這些不同尋常的話語，說明倉央嘉措自小就與一般的小孩不同。

傳說有一次，倉央嘉措因為惹母親生氣，因而被母親追打，凡是他跑過的地方皆留下印跡，所以烏金淩寺至今仍留有倉央嘉措孩童時的腳印。又說，他曾在烏金淩寺前，路口的一隻石獅子上練習寫字，那些字跡如今還清晰可辨。又稱，倉央嘉措在錯那縣的寺院學習經典期間，因想念故土、親人，曾幾次返回鄉裡，親手在烏金淩寺種過一棵松柏樹，此樹迄今可見。巴族的人們都將倉央嘉措引

為族人的榮耀，所以把他用過的小茶具、衣物，以及他母親的遺物，都存放在烏金淩寺和達旺寺中珍藏紀念。

從西藏的佛教人物傳記或史書中，我們可以發現高僧大德或修行高深的在家居士，多有奇異的不同凡俗的記錄及傳說。自西藏開始了「活佛轉世」體系之後，各大活佛或在家有德的修行者，降生之時多有不同常人的現象發生。而從以上種種記錄或跡象表明，倉央嘉措在幼年之時，確實是與眾不同。

生活處處顯現修行

倉央嘉措正如其他各派的轉世靈童，能正確辨別出前一世的遺物，而且每次都是準確無誤的指認出來。在進餐時也會先敬護法神，之後才用餐；而抓糌粑的姿勢都同上一世（即五世達賴）一模一樣。這些不同尋常的舉動，讓前來尋找、辨認「活佛轉世」的曲吉、多巴等人十分感動。

靈童從 1689 年（清康熙二十八年）開始，就如同前世一樣自發地持「過午不食」戒條，並祭奉九大舞姿神女的神像，還有預測吉凶的能力。1695 年（清康熙三十四年），甚至還親自主持了一系列隆重的供祭法事，供奉了眾護法神祇，還特地向護法神母作了五次祭祀等等。

倉央嘉措自幼就顯露出迥異於一般小孩子的性情，包括安靜、喜歡思考問題……。由此可見，他天生就與佛陀有緣。

五世達賴示寂保密十二年

前文提到，達賴和班禪是藏傳佛教格魯派兩大活佛轉世系統。「達賴」（dalai）一詞並非藏語，而是藏語「嘉措」（意為「大海」，是對高德喇嘛的一種尊稱）一詞的蒙古稱呼。至於「喇嘛」（lama），乃藏語 bla-ma 的訛略，意為「上人」或「上師」。

在西藏，達賴喇嘛被視為觀音菩薩的化身，受到全藏人民的尊崇。但是，西藏本土並不使用「達賴」這個名稱，僅在外交上使用。平時對達賴所用的尊稱有另外幾種：1、嘉穆官林寶伽（Sky-ads-mgon-po-c,e），意為「救護尊者」；2、蓋瓦林寶伽（Rgyal-ba-rin-po-c,e），意為「得勝尊者」、3 達穆前堪巴（T'ams-Cad-mk'yeu-pa），意為「一切智者」。

達賴的稱號始於三世達賴喇嘛索南嘉措，是由明朝政府於 1587 年（明萬曆十五年）時，正式承認並加以敕封才確立。清朝為了將西藏治理得更好，1751 年（清乾隆十六年）命七世達賴喇嘛掌管西藏地方的政權，從此開始了西藏「政教合一」的特殊治理方法。

因活佛轉世體系的增多，後又有哲布尊丹巴呼圖克圖、章嘉活佛……等冊封；其中，達賴、班禪、哲布尊丹巴、章嘉四大活佛被稱為「蒙藏佛教的四聖」。達賴統領全域，班禪輔佐達賴而領後藏，哲布尊丹巴領漠北蒙古，章嘉領漠南蒙古。另外，清廷冊封的還有八位高僧，這些活佛各有自己管轄的領域及駐錫寺院；他們平時常駐於北京，每年前往所轄領域視察一次。

倉央嘉措的轉世靈童認定，比其他的活佛轉世認定要難，這裡面有其特殊的歷史背景。當五世達賴喇嘛六十六歲時，即 1682 年（藏曆第十一繞迴水狗年、清康熙二十一年），從 2 月 10 日至 17 日閉關修行。25 日，第巴與司膳、堪布商議後，為達賴喇嘛做了一場祈福禳災法事。等到法會結束眾人離開，達賴喇嘛用手撫摸第巴的頭，詳細教導他關於政、教二種事務的處理方法，還有如何對待以漢、蒙為主的施主和統領者。

接著，五世達賴向第巴說：「一切法皆無常，故哪有定數？無妨，勿短視，脈象亦無一定。我若有不測，則需暫時守密。我的轉世亦不會久滯，很容易。轉世地點及父母須前世機緣湊聚，你能再次認定我。即使出現複雜情況，也不會識別錯誤，不必擔憂……」第巴聞言後淚如雨下。交代完畢，五世達賴於 25 日當天午時圓寂。為了西藏的安危，加上五世達賴臨終前的囑咐，所以祭祀法體、追薦法事等都是秘密進行。而密不發喪的時間，前後竟長達十二年之久。

原來，五世達賴圓寂前，第巴桑結嘉措已擔任行政職務三年。達賴喇嘛彌留之際，曾留下遺囑，教導桑結嘉措要維護西藏與朝廷、蒙古之間的關係。圓寂之事要暫時保密，難於決斷的情況，就以占卜結果來做決定。達賴喇嘛圓寂當天晚上，第巴召集格隆‧江央紮巴等人在班丹拉姆像（作者按：即傳為觀音菩薩的化身，又名魯格肖熱像，在西藏尤其以靈驗著稱）前占卜，結果是要保密至轉世靈童誕生，並迎請到拉薩時為止。於是，第巴密不發喪，對外聲言五世達賴喇嘛在嚴格閉關修行，甚至對康熙皇帝也未直接奏明達賴喇嘛已經圓寂。

有時遇到皇帝派來人員或是蒙古的重要施主前來，而達賴喇嘛不得不予以接見的情況，第巴便令長相與五世達賴相似的布達拉宮朗傑紮倉的僧頭翟熱出面接見，而手諭等文字則由第巴桑結嘉措親自動手撰寫。在保密期間，還暗設法多方尋訪轉世靈童。這樣做主要是為了執行五世達賴的遺教，桑結嘉措更加認為這是政、教事務的需要，所以採取這種巧妙的方法。

1696 年（清康熙三十五年），康熙率大軍親征準噶爾時，在外蒙古克魯倫河打敗準噶爾軍隊，噶爾丹最後只得服毒而死，以致全軍覆滅。後來，康熙帝從俘虜的西藏人口中得知「五世達賴喇嘛已死多年」的消息，便下書責問第巴桑結嘉措。第巴桑結嘉措接到信後，攝於清政府的威力，內心感到很緊張，只得在第二年（即 1697

年）向康熙帝寫了一封密信並派人送去，內稱「第五世達賴喇嘛已於水狗年示寂，轉世靜體今十五歲矣，前恐唐古特人民生變，故未發喪，今當於牛年十二月二十五日出定坐床，求大皇帝勿宣洩！」因當時清朝對西藏的統治，在實際控制上還是很薄弱的，康熙帝只好同意第巴所提出的請求。

為什麼第巴對清王朝如此不敬？或者說，清王朝為何對第巴這般客氣、甚至是忍讓？這是有原因的。在此，讓我們回顧倉央嘉措出生前後的歷史背景。

1616 年，努爾哈赤建立後金；1636 年，皇太極改國號為清；1644 年，清朝定都北京，統一全國。1642 年（清太宗崇德七年），衛拉特蒙古和碩特部的首領固始汗經過周密計畫後，很快就一舉摧毀「噶瑪政權」，並建立了以五世達賴為中心的「噶丹頗章政權」，由藏王（即第巴）總理一切政務。

正因如此，剛剛入主中原的清王朝忙於鞏固政權和穩定時局，無力顧及西藏，只好對既成事實予以默認和許可，並於 1653 年分別對五世達賴和固始汗正式進行冊封，確立了五世達賴在西藏的宗教領袖地位和固始汗在西藏政治領袖的地位。憑藉清朝的支持，格魯派的勢力遂居於諸教派之上。

隨著藏區局勢的穩定和達賴喇嘛威望的不斷提高，尤其是固始汗去世後，其諸子之間由於內訌，遲遲沒有確定汗位繼承人，於是蒙古和碩特部在西藏的統治地位漸被削弱。而以五世達賴為首的西藏地方政府逐漸獨攬了西藏的政教大權，蒙、藏貴族聯盟趨於瓦解，雙方對西藏實權的爭奪日趨激烈。

到了 1679 年，五世達賴年事已高，為了預防自己死後噶丹頗章王朝的大權旁落，任命由他多年培養教育的桑結嘉措為第五任第巴。桑結嘉措出任第巴後，憑藉五世達賴的支持和自身卓越的政治才能，進一步增強了西藏地方政府的實力，為了擺脫和碩特蒙古汗王對西藏的控制，他竭力同蒙古準噶爾部噶爾丹建立密切的關係，企圖借助噶爾丹的軍事力量來牽制及驅逐和碩特蒙古在西藏的勢力。1682 年，五世達賴圓寂時，桑結嘉措為穩定西藏的社會局勢，確保自身已取得的權勢與地位，一方面對五世達賴實行秘不發喪，對外則偽言「達賴入定，居高閣不見人，凡事傳達賴之命以行」；另一方面，開始著手秘密尋訪五世達賴的轉世靈童，以備日後突變的政治局勢，並認為這是依循五世達賴的遺囑行事。

弟子秘尋轉世靈童

第巴桑結嘉措遂於 1685 年秘密派遣曲吉卡熱巴巴‧多倫多吉、多巴‧索朗查巴兩人，帶著前世達賴（即五世達賴）所用的念珠等日常用具，秘密尋覓靈童。對外則宣稱，是為了藏區的幸福去朝

聖，如引起別人懷疑就出示證件或卦象；或說是為了「尋找頂布切·阿旺年紮貝桑波和夏爾康·努門康的轉世靈童」。6月5日，曲吉卡熱巴巴·多倫多吉等人從拉薩出發，開始秘密尋覓第五世達賴喇嘛的轉世靈童。

該年12月11日，曲吉二人抵達夏沃後，向靈童的父親轉獻諭旨和靈物。當靈童看到五世達賴的諭旨，立馬說道：「這是我的印章，你們得福啦！」顯得十分高興。由於當時的特殊背景，所以六世達賴的尋訪、認定都是在十分秘密的情況下進行。第巴桑結嘉措決定採用辨認前世用具、法器的方法來確定「轉世靈童」。

半年後，1686年4月10日派曲吉卡熱巴·多倫多傑和多巴·索朗堅參等人攜帶供辨認的真假物品、充足的衣物用具、若干加持物、淨水以及哈達等，作為布達拉宮的代表再次前去錯那縣認定「轉世靈童」。曲吉和多巴二人到達錯那後，在倉央嘉措的家裡進行了一系列佛事活動，並對護法神唐堅嘉措舉行了請願儀式，然後讓靈童就座，進行潔身之後，把加持物放入口中，而靈童坐姿端莊凝重，並露出興奮的情態。

第五天，曲吉出示了一把精巧的小刀和另一把五世達賴用過的舊刀，靈童卻拿著舊刀說：「這是我的。」並高興地取下掛在小刀上面的牙籤、剜耳等物用了起來。第七天，人們拿出兩個茶碗讓他

辨認，他指著其中一個說道：「我的茶碗是這個。」而這個碗確實是他前世所用的。

總之，每次辨認遺物時，他都能準確無誤的辨認出來，而且進餐時總會像前世一樣先敬諸佛及護法神，然後才自己用餐，就連同抓糌粑的姿勢也與前世一模一樣。這讓為首的曲吉、多巴等人十分感動。

1688 年 3 月 7 日，第巴桑結嘉措聽取了索朗堅參關於靈童身體形態、言談舉止、神情觀感等方面的情況彙報，感受欣慰，並為秘尋靈童的成功而高興。該月 25 日，第巴又派人送給靈童護佑神像、淨水、茶葉等禮物，並從布達拉宮朗傑紥倉的多巴卡，以供神的名義選出精細的糌粑，定期送往錯那。至此，倉央嘉措為五世達賴「轉世靈童」的認定，算是明確通過了。

布達拉宮正式坐床

紥西丹增家中降生轉世靈童的消息傳到布達拉宮後，第巴桑結嘉措及時批覆，嚴令封鎖消息。之後還通過問卦、占卜，決定將靈童一家從烏堅林遷居夏沃。靈童被迎往夏沃後，第巴桑結嘉措派曲米康、薩・拉・繞丹等攜帶五世達賴的矯詔靈物和印有吉祥太陽標誌的哈達、磚茶、一匹象徵成就諸事的綠色綢緞等物前往夏沃，對外稱保護夏魯堪欽的靈童。

1696 年 5 月 10 日，首先向轉世靈童的父母解除了保密，同時解釋了保密的原因，並向他們說明其子倉央嘉措已被認定為五世達賴喇嘛的「轉世靈童」。這一年，倉央嘉措十四歲。隨後，第巴特遣人進京向康熙帝稟告保密始末及原由，還稟明如今靈童已經長大成人，不久即將其迎至布達拉宮，舉行坐床典禮等等。就是在這樣的背景下，倉央嘉措才會於五歲被尋覓並認證後，卻等到十四歲方被認定為「轉世靈童」。

認定之後，靈童的一切生活均由曲吉、索朗堅參和兩名侍者服侍，他人不得接近，就連靈童父母也不例外。第巴桑結嘉措在選定認證靈童後，為了使靈童長久安康，曾諷誦〈長壽經文〉，並根據五行星算，進行祈禳等一系列宗教活動。為了使靈童產生學習文字的濃厚興趣，還在沙拉寺、哲蚌寺，向文殊菩薩進行祈禱。

有關「如何迎請靈童來拉薩、公開五世達賴喇嘛圓寂」一事，第巴桑結嘉措、曲吉・卡熱巴、曲本・阿旺西繞、格隆・甲央紮巴、塔姆瓦、阿袞等人聚集在大靈塔——宗喀巴塑像前，誠心禱告，敬請神靈抉擇，最後確定迎請時間為藏曆火牛年（1697 年）。

這年（1697 年），正是清朝徹底擊敗了噶爾丹。後來，康熙皇帝又從俘虜口中得知五世達賴喇嘛早已圓寂的消息，十分震怒，立即致書第巴桑結嘉措，對他匿喪不報、獨攬大權的行為嚴厲責問。

第巴桑結嘉措懍於清朝政府的威力，立馬派人上報五世達賴圓寂始末，並確定時間迎請靈童前往布達拉宮舉行「坐床」。至此，倉央嘉措才正式走向「聖壇」。

學習表現異常聰慧

1688 年 10 月 1 日，倉央嘉措五歲便開始學習文字，由曲吉教授三十個字母，其他識字內容則由仲措・浪卡群登給予講授。據說，倉央嘉措聰明過人，當天即掌握上、下加字，並能逐一進行拼讀。」

自六歲起，倉央嘉措就同前世一樣自覺地修持「過午不食」戒條，祭奉「九大舞姿神女」的聖像，並擁有預測吉凶的超能力。1690 年 8 月 5 日，第巴桑結嘉措派曲吉、珠堅林巴、羅桑歐珠等學問精深的高僧擔任經師，指導八歲的靈童正式聞習佛法。據稱，他當時就能給第巴桑結嘉措寫信。1690 年 10 月 2 日，開始學習《內、外、別三種時輪》，背誦「九九算術表」，練習粉板字等。

九歲起更加勤奮修學，曾有系統地學習五世達賴所著的《土古拉》、仁蚌巴著的《詩鏡注釋》、《除垢經》、《釋迦百行傳》等佛經和詩詞；在此期間，還完成了《馬頭明王修行法》一文的撰寫。1697 年藏曆 10 月 25 日，倉央嘉措布達拉宮西平措大殿舉行隆重的「坐床」典禮，之後的學習便益加嚴格。

倉央嘉措的經師主要有五世班禪羅桑益西、甘丹寺大法座卓尼‧楚臣達傑、格隆嘉木洋查巴、阿裡格列嘉措、德東日甸林巴等人。在大師們的嚴格要求下，倉央嘉措必須學習眾多佛教經典，「如《根本咒》、《菩薩隨許法》、《秘訣》、《供咒經》、《續說》、《生滿誡》、《菩提道廣略教誡》等。[1]」甚至，第巴桑結嘉措還親自講授梵文音韻知識。包括經卷浩繁的《甘珠爾》，倉央嘉措先後學過了三遍，第一遍就是由桑結嘉措親自講授。

　　1699 年，第巴桑結嘉措指名拉然巴棽巴群培等數名格西擔任侍讀，陪同倉央嘉措系統有次第地學習《辯理初級教程》、因明學、詩學和曆算等典籍，所學內容不分派別，諸如薩迦、格魯、寧瑪等各種有成就的經藏、密咒、教規……。此後，至三大寺、曲科傑寺等處講經說法，同時學習各種金剛舞。

註 1　《六世達賴倉央嘉措的尋訪、認定及坐床》，陳柏萍著，原文載於《青海民族學院學報（社會科學版）》第 28 卷第 4 期。

第三章

轉世靈童的嚴格教育

不分派，遍學三藏典籍

倉央嘉措被第巴桑結嘉措認定為轉世靈童後，就開始接受嚴格、系統的教育。1690 年 8 月 5 日，第巴桑結嘉措派曲吉、珠堅林巴‧羅桑歐珠等學問精深的高僧擔任經師，指導靈童正式聞習佛法。自 1692 年起，錯那縣的宗本對靈童的服侍更加周密，而且從拉薩不斷送來製作精美的各地風味食品、水果、衣服及各種用具等；逢年過節都有賀信和禮品。

五世班禪額爾德尼也從扎什倫布寺來到拉薩，在布達拉宮向靈童傳授佛法，並講述五世達賴喇嘛的生平，及其為西藏佛教和眾生福祉所做出的巨大貢獻。五世班禪鼓勵倉央嘉措效法前一世，應當勤奮學習經典，並宏傳佛法。

從此，在桑結嘉措的嚴格監督下開始了學經活動。倉央嘉措的經師主要有五世班禪羅桑益西、甘丹寺大法座卓尼‧楚臣達傑、格隆嘉木洋查巴、阿裡格列嘉措、德東日甸林巴等人。第巴桑結嘉

措對於倉央嘉措的學習要求十分嚴格，多次嚴令經師等督促他勤奮精學。自由生活慣了的倉央嘉措，有時厭學而去散步，經師們尾隨，懇求他坐下聽經，唯恐第巴追究責任。

在大師們的嚴格要求下，倉央嘉措學習了眾多的佛教經典，如《根本咒》、《菩薩隨許法》、《秘訣》、《供咒經》、《續說》、《生滿誠》、《菩提道廣略教誡》等。為了督促倉央嘉措學經，第巴桑結嘉措還親自講授梵文音韻知識。由於桑結嘉措本人「博學並精通五明醫藥及曆算等著述頗多」，因此，這對倉央嘉措學好經典極為有利。如浩繁卷帙的《甘珠爾》，倉央嘉措先後學過三遍，第一遍就是由桑結嘉措親自講授的。每當倉央嘉措在學業上有點進步，第巴就萬分欣喜，感到莫大安慰。

1699 年，第巴桑結嘉措指名繞降巴、棻巴群培等數名格西擔任侍讀，陪同倉央嘉措系統學習《辯理初級教程》、因明學、詩學和曆算等典籍。所學內容不分派別，諸如薩迦、格魯、寧瑪等各種有成就的經藏、密咒、教規等等。此後，至三大寺、曲科傑寺等處講經說法，同時學習各種金剛舞。

在著名學者桑傑嘉措親自教導下，倉央嘉措精通天文曆算、醫學及文學等，尤其詩歌的造詣最深。文獻記載：「第巴桑結嘉措在選認靈童後，為了使靈童長久安康，曾諷誦〈長壽經文〉，並根據

五行星算，進行祈禳、投靈器、贖命等一系列宗教活動；為了使靈童產生學習文字的濃厚興趣，還在沙拉寺、哲蚌寺中向文殊菩薩進行祈禱。」

倉央嘉措於 1683 年出生後一年，就被「秘置於本地」，此後便一直處於嚴密的關視之下。1688 年，桑結嘉措委派六名學問高深的僧人擔任他的經師，在錯那教導他。1697 年被迎至拉薩坐床之後，學習更是緊張、嚴格，如《倉央嘉措傳》中就以倉央嘉措自白的口氣說道：「在班禪佛爺羅桑益西以及甘丹樨巴卓尼 · 次誠塔傑、阿裡隨駕格列嘉措等許多黃教大使座前領受密宗灌頂、隨許及密決，聽取了經教、怛特羅之講授和所有生成次第及圓滿次第之傳授。其他顯教方面的各種教誡、一切簡繁道次的傳授和口授的經教，並皆聞取。尤其是拜格隆嘉木央紮巴為根本上師，按四部《恒河水流》中的規定在三年之內不分寒暑，勤奮學習，孜孜不倦。[1]」

桑結嘉措本人對於倉央嘉措的學習也是督導甚嚴。《倉央嘉措傳》中又說，在那段時期，那位權勢顯赫的第巴，經常嚴諭格隆嘉木央紮巴，要他將一個活佛應聽習的隨許等一切法，務必竭盡心力好好傳授，否則，必將如何如何，戒飭甚嚴。

註 1 詳情見〈關於倉央嘉措及其情歌研究的六個問題〉一文，藍國華著，原載於《西藏藝術研究》2003 年第 1 期。

除此之外，桑結嘉措還親自為倉央嘉措授課。《甘珠爾經》倉央嘉措學了三遍，第一遍便是由桑結嘉措親自講授——由此可見，倉央嘉措當時的學習進程是極為有序和十分嚴格的。這在桑結嘉措《奏書稿》中也可以得到證明。《奏書稿》說：「班禪大師則遵從五世達賴之旨意，主持六世達賴坐床，祈願弘揚黃教，竭盡全力。正如宗喀巴大師等先聖並歷世達賴喇嘛之傳，尤其是五世達賴喇嘛之傳記載，歷世達賴無一不拜多眾賢能之經師學法。為使藏區太平，吾遵從五世達賴喇嘛之遺囑，諸事按其在世一般，未敢違命。六世達賴喇嘛亦遵從前世之定規辦理。可見，倉央嘉措不但在學習上是嚴格的，而且生活諸般事項亦遵從前世之定規辦理。[2]」

1698 年（藏曆土虎年），倉央嘉措到達哲蚌寺，從《菩提道次第廣論》開始，接受佛教經文的傳承，以及第巴教授梵文聲韻。另外，倉央嘉措還從「班禪大師及甘丹寺主持、薩迦、格魯、寧瑪等派有道上師學習大量顯密經典。第巴對於倉央嘉措的學習，管理得非常嚴格。[3]」《倉央嘉措傳》中還說，他在班禪一切知羅桑益西大師，以及甘丹寺赤巴卓尼 · 楚臣達傑、阿裡格列嘉措等許多黃教大師座前領受密法灌頂、隨許及密訣，聽取了依佛陀真實證量宣說的究竟教義，及怛特羅傳承下來的的生成次第和圓滿次第教法，一

註2 同上。
註3 《倉央嘉措傳》，恰白 · 次旦平措等著，五洲傳播出版社，2000 年，P209-210。

併都得到了傳授；其他有關顯教方面的各種教義、一切修道次第的傳授和口訣等一併都得到了聽聞和傳承。尤其是「拜格隆嘉木央紮巴喇嘛為根本上師，按四部《恒河水流》中的規定三年之內不分寒暑的勤奮學習，從無懈怠。這段時間，那位權勢顯赫的第巴，經常嚴諭格隆嘉木央紮巴上師，要他將一個具量上師所應聽習的隨許等一切教法，務必竭盡全力、盡心傳授教導，否則，將如何如何……，告誡許多，口氣極嚴。[4]」

舉行剃度受戒儀式

1697 年 9 月 10 日，五世班禪一行到浪卡子，西藏政府為他舉行隆重的歡迎儀式。17 日，靈童在丹增頗章寢宮內與班禪額爾德尼會面，向班禪磕頭，互敬哈達和禮品。「入夜時分，淨化沐浴後，在曲吉・卡熱色倫多吉、比丘降尖紮巴、塔姆瓦・羅桑曲紮、密宗大師降央群培等高僧面前剃度為僧，隨五世班禪額爾德尼祿桑益西出家，受沙彌戒，取法名為『羅桑仁欽・倉央嘉措』……。[5]」自此，五世班禪、第巴桑結嘉措、甘丹寺赤巴卓尼·楚臣達傑、五世達賴喇嘛的經師仁增·吉美多傑（德達林巴）等大德，成為倉央嘉措的根本上師。

註4　詳情見《倉央嘉措傳》，清・阿旺多爾濟著，莊晶、于道泉等譯 。
註5　《六世達賴倉央嘉措的尋訪、認定及坐床》，陳柏萍著，原文載於《青海民族學院學報（社會科學版）》第 28 卷第 4 期。

其中，第巴，又稱攝政王，是西藏地區行政最高執行者（達賴、班禪，僅管理宗教方面的事，不問世事，二世根敦格敦嘉措開始，置第巴官位以攝理政事）。雍正皇帝在位時，於 1721 年廢除第巴職位，設立四噶倫管理西藏地方行政事務。

我們知道，第五世第巴——桑結嘉措（1653 年— 1705 年），拉薩人，他是清代藏族著名的攝政王，也是藏族歷史上著名的政治家、傑出的科學家、作家、布達拉宮的重建者。1690 年 2 月，第巴桑結嘉措在五世達賴圓寂後的第八年，著手建造五世達賴靈塔，擴建紅宮和朗傑紮倉等建築物，經過兩年四個月的施工，終於在 1693 年完成舉世聞名的布達拉宮擴建工程。

第巴在前人研究基礎上，對《四部醫典》進行整理、校對、修訂和注解，還編著了《醫學廣論藥師佛意莊嚴四續光明藍琉璃》、《五世達賴喇嘛傳》、《六世達賴倉央嘉措傳》、《黃教史》、《法典明鑒》等二十多部有關藏族歷史、宗教、文化、醫學、醫藥、天文、曆算、法律的著作。他一生勤於治學，著作等身，為藏族的天文曆算和醫學的發展做出了重要貢獻。

布達拉宮正式坐床

就如何迎請靈童來拉薩，並公開五世達賴喇嘛圓寂一事，第巴桑結嘉措、曲吉·卡熱巴、曲本·阿旺西繞、格隆·甲央紮巴、塔姆瓦、

阿袞等人聚集在大靈塔——宗喀巴塑像前，誠心禱告，敬請神靈抉擇。最後確定迎請的時間為1697年。通過問卜，護法神降旨說應「將靈童迎至布達拉宮，時間就定在藏曆十月下旬十日之內。」根據五世達賴與管家索朗繞丹攝政王第一次見面的地點，所以將會面地點定在聶塘棻西崗地方。

1697年，清朝徹底擊敗了噶爾丹。噶爾丹被消滅對桑結嘉措極為不利，而恰好康熙皇帝又從俘虜口中得知「五世達賴喇嘛早已圓寂」的消息，因而十分震怒，立即致書第巴桑結嘉措，對他匿喪不報、獨攬大權的行為進行了責問，令第巴奏明五世達賴喇嘛已故的始末。第巴桑結嘉措接到康熙皇帝的責問書信後，懾於清朝中央政府的威力，立即派尼瑪塘呼圖克圖等人前往北京報告康熙皇帝。康熙皇帝接到奏報後，權衡了五世達賴死後西藏的複雜政局面，只好「許為秘之」。

與此同時，第巴桑結嘉措等祈禱護法神多吉棻丹，並獲應允。於是將靈童迎到拉薩，公開宣布「第五世達賴喇嘛業已圓寂，六世達賴喇嘛已經降臨人世」。他們先向靈童的父母作了說明，並敬獻哈達，然後舉行持續十天的隆重供祭法事。3月，第巴桑結嘉措從拉薩派出衛拉特蒙古軍首領棻西嘉措，以及朗熱僧·旺傑多吉、門巴帕姆·阿旺桑波、唐窮瓦·洛桑等作為迎請「六世達賴靈童」的先遣人員；隨後，又選派了貢布人嘎恰巴·丹增多吉等人擔任護衛任務。

4月29日，首先向紮西嘉措、地方的宗本（藏語，意為縣官）和唐窮瓦・洛桑等人公開「靈童秘密」，並嚴令暫時守口如瓶，不得向任何人洩秘。25日，靈童從那錯向拉薩啟程，通過吉宇、噶舉宮、哲古紮西塘、拉欽地、索凱、絨布熱瑪霍、達龍紮西林、占堆塘等地，經過九天的行程，5月4日到達浪卡子。浪卡子是五世達賴舅父的莊園，五世達賴曾多次在浪卡子丹增持法殿內講經。因此，靈童便在那裡暫住了一段時間。

8月25日，靈童在浪卡子會見嘎察寺活佛白瑪赤列、管家格隆屯丹、珠林寺活佛久米多吉及其弟迥・貢嘎等人，並贈送禮品。

29日上午，第巴桑結嘉措派近臣丹增旺波和公覺繞丹，在拉薩主持召集沙拉寺和哲蚌寺的高級首領會議；另由恰嘎爾瓦・白瑪索朗主持召集布達拉宮等處僧俗官員會議，兩處同時宣布「五世達賴喇嘛實係觀世音菩薩，不受生死的限制，但是為了顯示當今人的壽命為百歲之限，已於水狗年（1682年，清康熙21年）圓寂」。接著，又傳達了記述六世達賴「轉世」情況的《悅耳妙音》；並且由拉薩市的俗官香仲瓦・多吉和夏爾・紮西兩人，在梅朵董熱塘廣場向拉薩市民傳達了《悅耳妙音》；同時，派賓都達汗翁布前去扎什倫布寺迎請五世班禪額爾德尼祿桑益西，前來為靈童傳授「沙彌戒」。

9月10日，五世班禪一行到浪卡子，西藏政府為他舉行了隆重的歡迎儀式。17日，靈童在丹增頗章寢宮內與班禪額爾德尼會面。靈童向五世班禪行師禮，之後互敬哈達和禮品。入夜時分，淨化沐浴後，在曲吉·卡熱色倫多吉、比丘降尖桼巴、塔姆瓦·羅桑曲桼、密宗大師降央群培等高僧面前剃度為僧，隨五世班禪額爾德尼祿桑益西出家，受沙彌戒，取法名為「羅桑仁欽·倉央嘉措」。

21日，浪卡子各地百姓自發前來敬禮、誦經。之後，在扎什倫布寺管家的引香帶領下，迎請靈童的馬隊緩緩上路。行至達布龍地方午餐後，又經過牙爾斯、崗巴拉山、強塘地、強典林寺、德瓦塘等地，沿途百姓及僧侶等眾都來頂禮膜拜，並獻上大量哈達和金銀等物。

27日，倉央嘉措一行來到聶塘桼西崗，這是當年五世達賴喇嘛居住過的地方。這時，丹增達賴汗、第巴桑結嘉措等率領蒙、藏寺僧俗官員，以及三大寺代表一千多人前來迎接。他們向倉央嘉措敬獻哈達、無量壽佛像、長壽經咒、殊勝塔等禮品。28日，倉央嘉措與五世班禪額爾德尼在聶塘桼西崗居住近一個月，除誦經、講經膜頂等法事活動外，五世班禪還同第巴桑結嘉措等共同研究前往拉薩的路線、時間及坐床儀式等事宜。

10 月 24 日，迎請靈童的馬隊繼續前進；至中午時分，清朝康熙皇帝的使臣章嘉呼圖克圖及恝薩克喇嘛等帶領百餘人前來迎接，同時趕到的還有哲蚌寺的儀仗隊，夜裡則住宿薑塘崗的吉賽魯定。25 日，由第巴桑結嘉措引香帶路，迎至布達拉宮噶當姆其寢宮。而後，在布達拉宮司西平措大殿登上無畏寶座，舉行隆重的「坐床」典禮；並接受康熙皇帝派遣的使臣章嘉呼圖克圖所呈獻的皇帝封誥、賀禮和敕書，正式確認倉央嘉措為「第六世達賴喇嘛」。西藏三大寺的主持、活佛、各級僧俗官員、民眾代表及青海蒙古代表等也都參加了慶典，並敬獻賀禮。下午，在德央廈廣場上，僧俗眾人進行了「跳神」等歌舞活動。晚上，為紀念宗喀巴大師忌辰，六世達賴倉央嘉措到布達拉宮神殿禮佛，並在自在觀世音佛像前與僧眾一起進行禱告。

　　10 月 30 日，五世班禪額爾德尼從扎什倫布寺來到拉薩，在布達拉宮傳授佛法。從此，倉央嘉措開始了學習經典、弘法利生的生涯[6]。

政教合一的管理宮殿

　　布達拉宮（藏 Po-ta-la）位於西藏拉薩市西北瑪布日山（即俗稱紅山）上，是一組宮殿城堡式的建築群，也是世界上海拔最高的古

註6　詳情見〈六世達賴倉央嘉措的尋訪、認定及坐床〉一文，陳柏萍著，原文載於《青海民族學院學報（社會科學版）》第 28 卷第 4 期。

代宮殿。宮殿為木石結構，依山勢構築，共 13 層，高 117 米，東西長約 360 米；宮牆用石和三合土砌成，厚達 3 米，堅固壯觀；宮內有壁畫、靈塔、雕塑等，是一大藝術寶庫，為現存舉世矚目的著名建築之一。

十七世紀末期以來，布達拉宮即為達賴喇嘛的宮殿及西藏政治、宗教中心。「布達拉」為梵語 Potalaka 之音譯，此詞即相傳為觀世音菩薩住處之「補特洛伽」；而達賴喇嘛也被西藏人認為是觀世音菩薩的化身。

相傳七世紀時，吐番贊普棄宗弄贊與唐聯姻，為迎娶文成公主，故於拉薩首建宮室，後世屢有修築。十七世紀中葉，達賴五世受清朝冊封，其總管第巴桑結嘉措予以重修並擴建，歷時五十年始具今日之規模。寺內僧徒多達二萬五千人以上，大小樓房數千間，不但為西藏最大之佛寺，亦為世界最大之佛寺。自達賴五世起，凡重大之宗教、政治儀式皆在此舉行，為歷代達賴喇嘛之冬宮和坐床處，亦為西藏政教合一之統治中心。

❧ 第四章 ❧

領受無上密法傳承

五世班禪為根本上師

　　1697 年 9 月 10 日，五世班禪一行到浪卡子，西藏政府為倉央嘉措舉行隆重的歡迎儀式。17 日，靈童在丹增頗章寢宮內與班禪額爾德尼會面，磕頭，互敬哈達和禮品。入夜時分，淨身沐浴後，在曲吉·卡熱色倫多吉、比丘降尖紮巴、塔姆瓦·羅桑曲紮、密宗大師降央群培等高僧面前剃度為僧，隨五世班禪額爾德尼祿桑益西出家，受沙彌戒，取法名為「羅桑仁欽 · 倉央嘉措」。由此可知，倉央嘉措的根本上師是五世班禪。

　　五世班禪羅桑益西（意為「善智慧」，1663 年—1737 年），於 1663 年（清康熙二年）7 月 13 日生於後藏托結竹倉地方。當時，四世班禪去世後，扎什倫布寺派出了三批人尋訪「轉世靈童」。當不滿三歲的羅桑益西能準確無誤地辨認出前一世班禪用過的法器時，扎什倫布寺將這些情況報告給五世達賴，由五世達賴羅桑嘉措認定他為四世班禪羅桑 · 卻吉堅贊的「轉世靈童」。1667 年，依五世達賴之書命，在扎什倫布寺舉行了「坐床」典禮。

1670 年，班禪八歲時，在布達拉宮三界勝殿內，從五世達賴受了沙彌戒。7 月，清聖祖特派欽差到拉薩，給五世達賴和五世班禪各頒發了「敕書」，並賜禮品，祝賀五世班禪受戒。二十二歲時，從大密師「持金剛」袞卻堅贊受比丘戒。1697 年 9 月，五世班禪應第巴桑結嘉措的請求，在羊卓雍湖邊的浪卡子宗地方，為六世達賴授「沙彌戒」，並到拉薩傳法授戒，為五世達賴的靈塔進行「開光」儀式。

1713 年，康熙皇帝讚頌五世班禪一心弘揚宗喀巴大師之教、為眾生謀福利的無量功德。依照舊例，賜給五世班禪金冊、金印，冊封他為「班禪額爾德尼」，並賜一枚印章，印面為漢、滿、藏文三體對照，文曰：「敕封班禪額爾德尼之印」。從此，「額爾德尼」開始正式成為歷代班禪的封號。

1720 年，五世班禪為自塔爾寺迎請到拉薩坐床的七世達賴授沙彌戒。1726 年，七世達賴請五世班禪到拉薩為他授「比丘戒」。1728 年，清軍入藏平息了「阿爾布巴之亂」後，雍正帝派遣欽差查朗阿進藏，要把後藏和阿裡地區封給五世班禪管轄。

五世班禪考慮到前、後藏地方勢力間的關係，以西藏內部團結為重，拒不接受。後經查朗阿說服，五世班禪最終還是接受拉改、昂仁、彭措林三個地區歸班禪系統管轄。從此，班禪系統的拉章成

為歸清朝政府領導、受駐藏大臣監督的所屬領土及轄區的地方政權，而不受拉薩的「噶廈」政府管轄。

五世班禪一生專心致志地研習佛法。他於 1737 年（清乾隆二年）7 月 5 日，在扎什倫布寺圓寂，享年七十五歲，遺體被安放在該寺。其著作有《菩提道次第捷徑面授法》、《自傳》、《菩提道次第上師傳承傳記·白蓮鬘》、《羅桑·卻吉堅贊傳記》等二十四卷（冊）。

五世班禪羅桑益西在世期間，西藏常受外族侵擾，內部政局亦動亂不已。在極其艱難的環境下，他始終堅定地站在中央政府一邊，為維護祖國統一、促進民族團結、穩定西藏政局作出了有益的貢獻。

根本上師之二：甘丹赤巴

倉央嘉措的根本上師主要是五世班禪、一世嘉木樣，還有第巴桑結嘉措、甘丹寺赤巴卓尼・楚臣達傑、五世達賴喇嘛的經師仁增・吉美多傑（德達林巴）等大德。

其中，赤巴即「法台」，其寶座設在寺院的大經堂內；大經堂是藏傳佛教寺院中的最高權力機構，重大宗教活動都在此舉行。「赤巴」是掌管全寺一切宗教活動或事務的負責人，從全寺主要紥倉（學院）堪布中，推薦一位具有淵博佛學知識、德高望重的高僧來擔任。

著名的甘丹赤巴，就是繼席格魯派祖寺甘丹寺宗喀巴大師法統寶座的法台，享有崇高威望，其宗教地位僅次於達賴和班禪。

甘丹赤巴（藏 Dgah-ldan-khri-pa）即西藏甘丹寺寺主，又被尊稱為赤仁波切。宗喀巴被認為是甘丹赤巴的始祖，弟子賈曹傑是第一任甘丹赤巴。這個職位開始是終身制，後來由於黃教（格魯派）寺院制度逐漸完備之後，建立了上、下密院，甘丹赤巴就是從這兩個密宗寺院的僧人中產生的，並規定七年一任。選任赤巴是為了保證宗喀巴大師的宗風不變，從此形成制度，世稱「甘丹赤巴制」。

凡格魯派學經僧人，欲高升到甘丹赤巴，首先要在三大寺學完顯教課業，取得拉然巴格西學位；然後進入上、下密院，先成為佐仁巴，如此才能按年齡、資格等候升任。上、下密院中升任的次序是，由佐仁巴升為格郭，再升為喇嘛翁則（也有不經格郭直接當上喇嘛翁則）。從喇嘛翁則開始，任滿三年可以升為堪布；三年後，再升為堪蘇。

此後，上、下密院的堪蘇分別有各自的升任機會。上密院的堪蘇按年資可升補為「夏孜卻傑」，下密院的堪蘇按年資則能升補為「絳孜卻傑」。這兩個職位名義上是甘丹寺兩札倉的法尊，也算是甘丹赤巴的候選人。二者輪流，七年一屆，升任甘丹赤巴。任滿後，得一榮譽稱號為「赤蘇」。

成為甘丹赤巴者，住世時是寺主的地位，圓寂後便為「活佛」，具有「轉世」資格，因此又有人稱甘丹赤巴為「赤仁波切」。甘丹赤巴在社會上受到極大的禮遇，出行時有人為他開道、捧檀香爐、打傘蓋，在西藏除了達賴、班禪和薩迦法王外，只有甘丹赤巴才能享有這種待遇。普通信徒見到他要跪地叩拜，並請他摩頂賜福，以求消災免難；就是達賴喇嘛見到他，也要起立致敬。還可以和達賴坐在一起，這在西藏是很崇高的特殊待遇。

根本上師之三：一世嘉木樣

　　一世嘉木樣，姓華秀，名俄項宗哲，於 1648 年（清順治五年）正月初八在甘加當讓卿（今甘加多瓦地部落）誕生。父名華本加，母名塔萊賢，大師本名阿旺宗哲。大師自幼聰明穎慧、勤奮好學，七歲隨伯父索南木龍珠學經，十三歲為僧，於沙溝寺出家，由青卻益喜嘉措授沙彌戒，取法名為羅桑堅參。

　　二十一歲立志入藏學法，臨行時立下誓言說：「此去拉薩，一定要學業有所成就，若中途而廢，就請地方神將我毀滅。」經過長途跋涉來到拉薩，入哲蚌寺郭芒紮倉學法。

　　二十三歲時，赴蓋彭聖山靜修。靜修期間拜八十高齡的著名學者賽多傑強為師，逐次聆授勝樂、集密、怖畏、時輪圓滿次第、八支解、六支解、幾位本尊神羯磨解等等數載失傳的顯密要典，獲得「嘉木樣雅欠多吉」（妙音笑金剛）之雅稱。

二十五歲時取得「嘎居」學位；二十七歲時由五世達賴喇嘛授比丘戒。後來，參加桑樸夏季法會，於五日之中立五部論宗辯論，與會十一個學院的僧眾莫不信服，從此美名傳揚。立續部宗時，衛藏學者以法意相問難，嘉木樣引經據典、答辯無遺，各方智者無不敬佩。

從郭芒紮倉畢業後，大師又到拉薩續部上院研究密宗，四年乃畢業。後來，師事第一世章嘉呼圖克圖阿旺紮桑曲巴。大師常在拉薩各處誦經，名望日著。在一次辯經會上，引經據典，對答如流，各方智者，竟無言以對，眾人極為敬佩。

五十三歲時，應六世達賴倉央嘉措及郭芒紮倉僧眾的請求，出任哲蚌寺郭芒紮倉堪布（總法台）之職，傳授五部大論要義。在任職六年中，作風清高，秉性慈善，學問淵博，精通顯、密二宗，深受僧眾敬仰。

在此之前，由於大師顯、密雙修聞名全藏，深入佛經義理到了爐火純青的地步，獲得第巴桑結嘉措的賞識。第巴先後請他就任阿裡梯當寺住持、甘丹寺色赤、哲蚌郭芒、續部學院紮倉堪布等職，但他都堅辭不就。這次由於有六世達賴的法旨，他不好推脫，只得走馬上任，在郭芒紮倉堪布這個崗位連任八年，直到他六十歲時方卸職。

大師在擔任郭芒紮倉堪布期間，向僧徒傳授五部大論（《因明》、《般若》、《中觀》、《俱舍》、《律學》）精義，並著有《五部宗教哲學辯論注釋》，這部著作成為格魯派各寺院學經、講學的教材。大師對讀院教規、學風等各方面採取一系列整頓措施，例如：規定寺院的學經制度，聞思學院依照拉薩哲蚌寺郭芒紮倉的規矩進行，學五部大論，分十三學級。續部下院為密宗學院，係根據後藏喜饒桑蓋法師傳續而來，要求僧人必須按《密宗道次第廣論》所示的方向，遵循一定的程式結合現修，以求證驗。

他注重德才雙修，要求僧眾做到聞、思、修三方面出類拔萃，培養出來的學者可謂學富五車、名聞遐邇，其良好影響、建立的善規至今遺風猶存。正因如此，大師才有「宗喀巴後第一人」的美名。

青海和碩特前首旗蒙古族黃河南親王察罕丹津父子，1701 年至 1709 年間，曾經數次赴藏敦請嘉木樣活佛回籍建寺，宏揚佛法。1709 年是宗喀巴建立拉薩甘丹寺三百周年，嘉木樣派弟子於 9 月在青海紀公山下作了「吉祥長淨」儀式，作為建寺的開始。

隔年（1710 年）選定紮西旗灘為寺址（今夏河縣拉蔔楞鎮境內），嘉木樣親自舉行隆重的建寺奠基儀式，參加儀式的僧俗萬餘人。河南親王獻上可容納八百人的方形毛氈房一頂，暫代經堂，徵集僧徒三百人。嘉木樣委派大弟子賽‧俄旺紮喜為僧官，華熱

俄項克卻為經頭，規定經堂制度按哲蚌寺執行，辯經制度按郭養院執行。

1711 年 3 月，首先修了八十根柱子的大經堂一座，於同年秋季竣工。1716 年，一世嘉木樣修建續部下院。1720 年，康熙皇帝頒封嘉木樣大師「扶法禪師班智達額爾德尼諾門罕」，頒賜金敕金印，准許穿黃馬褂。1721 年，一世嘉木樣大師圓寂，時年七十四歲。

嘉木樣大師是學貫五明的大班智達，一生著述頗豐。據大師的傳記所提供的材料看，主要有《因明疏》、《因明探討》、《現莊嚴論之探討》、《入中論之探討》、《俱舍論疏》、《宗派綱目》、《宗派綱目詳釋》、《佛曆表》等等。

一世嘉木樣一生敏而好學，對佛學、天文、曆算、醫藥、文學、聲明、修辭諸學均有研究，造詣之深，為衛藏、安多、蒙古等地高僧所敬仰。一世嘉木樣在西藏任堪布期間，與西藏政教要人拉藏汗、桑結嘉措等人往來較密，西藏內部大事，多與相謀，成為西藏政教兩界知名的高僧。

大師一生培養的學生也很多，其中不乏著名的高僧，如藏王頗羅鼐、二世土觀、第七世達賴喇嘛的經師貢唐倉一世更登彭措、昌都・帕巴拉佛等。迄今，這位活佛傳承已傳至第六世，即第五世貢唐大師嘉木樣・丹貝尼瑪。

根本上師之四：仁增 • 德達林巴

據《倉央嘉措傳》中說，倉央嘉措學《甘珠爾》曾得第巴講授過一遍，根本上師格隆嘉木央紮巴（即一世嘉木樣大師）授過第二遍，後又由密宗師丹增 • 德達林巴授過一半，總共聽取了兩遍半。

總之，「凡藏地所有的一切教派如薩迦、格魯、寧瑪等教法，凡上師熟悉的各種灌頂以及趣向解脫道的教授、傳承、經教、典籍及密咒等，無論是顯、密，亦不分教派，全部讓尊者加以聽聞、研習……。隨身攜帶的物品僅有未生怨王的護身寶貝——一顆如雞蛋大的舍利母，一串紫檀念珠，掛包裡有一枚刻有標記的圖章，腰間有一個仁增 • 德達林巴所賜的古降魔杵[1]」。

由此可知，五世達賴喇嘛的經師仁增 • 吉美多傑（德達林巴）亦是倉央嘉措所依止的根本上師之一。

相傳，西元十世紀末，有個名叫盧梅 • 楚臣西繞的僧人，在拉薩市林周縣敏珠林村地方修建一座規模不大的佛教寺廟。盧梅 • 楚臣西繞是西藏佛教「後宏時期」的人，是 970 年從衛藏到康區學習佛教的十人之一。

註1　詳情見《倉央嘉措傳》，清 • 阿旺多爾濟著，莊晶、于道泉等譯。

盧梅是這十人中影響最大、門徒最多的一位，他的門徒據說有四柱、八梁、三十二椽。「四柱」之一的尚那囊‧多吉旺秋，於1012 年在林周縣修建了傑堆寺（傑拉康）；寺成之後，盧梅曾經住持過這個寺院，當時盧梅所傳是「喇欽」的教法，就是從多康傳進來的。1677 年（清康熙十六年），由仁增‧德達林巴（吉美多傑）大師在原來的基礎上進行重修和擴建，形成了現在這座有名的紅教寺院敏珠林寺。

　　敏珠林意為「成熟解脫洲」，漢譯為「閔珠林」、「敏竹林」等。敏珠林寺是西藏寧瑪派的主寺，位於紮囊縣紮囊河以東的紮其鄉。該寺始建於西元十世紀，寺院坐西朝東，四面群山環抱，山清水秀，環境十分優美。1676 年（清康熙十五年），五世達賴喇嘛授意並幫助其經師仁增‧德達林巴（吉美多傑）在原有基礎上改建而成。

　　敏珠林寺以弘傳「南藏」為主，兼傳「三素爾」典籍，所以被稱為「南傳」寧瑪派的祖寺。寺主的傳承方式很特別，是以父子相承或者翁婿相承。1718 年，遭受蒙古準噶爾部毀滅性破壞，後來再一次重修，方成現在的模樣。

隱居潛修後的師承

　　歷史上一般說法是：1706 年（清康熙四十五年）11 月 11 日，時年二十四歲的第六世達賴喇嘛倉央嘉措，在我國大西北的清洗湖畔就此消失，給後世留下了一個長達三百年的莫大謎團。

事實上，倉央嘉措從嘎采寺出發後，又到拉薩，朝禮沙拉寺和哲蚌寺，最後來到沙拉山上的岩洞裡。傑·噶林嘉措大師（當時知名的高僧大德，出身於阿裡王裔）察知後，獨自來山洞裡與他會面，並共修微妙的密法。

在那裡修持一個多月，當時倉央嘉措患有氣血上逆的病症，傑·噶林嘉措上師便教他修宗喀巴大師所傳的「本師瑜伽法」。經過打坐、修法、持誦經咒和修「本尊」，倉央嘉措的病很快好了大半，更生起了殊勝的證悟。此外，倉央嘉措還向傑·噶林嘉措大師請教諸多甚深妙法。

1710 年，倉央嘉措朝拜貢布日山。那時，在貢布日的吉甲禪院裡，有一位噶舉派得道高僧名叫朱紮瑪巴，精於吐納，已得「心氣自在」的證量。倉央嘉措在他的座下領受「勝樂金剛瑜伽」中的「魯」派和「支」派的灌頂與傳承，以及對「諾那六法」的開解。

之後，倉央嘉措讓侍者格隆俄珠回原來寺院──紮索寺，他則獨自一人留在貢布日的吉甲禪院求法、修行。再後來，倉央嘉措摒息萬緣，杜絕人間煙火，只穿一件粗布衣衫勤奮苦修，得「臍輪真火發動」的覺受，有疑惑就到上師那裡去求教。由此可知，倉央嘉措主要的法脈傳承為寧瑪派、格魯派及噶舉派。

第五章

集重要的法統於一身

　　六世達賴倉央嘉措是格魯派的兩大活佛轉世的體系之一，他所學的法雖然涉及藏傳佛教的各大宗派，但最主要的傳承是寧瑪派和格魯派，故有必要瞭解一下格魯派的歷史。

格魯派的起源

　　格魯派（藏 Dge-lugs-pa，意為善律），是由西藏佛教最負盛名的大師宗喀巴（1357 年—1419 年）所創立。宗喀巴是藏族近代史上的偉大人物，他不僅是藏傳佛教格魯派創始人，也是世界著名的佛學家、哲學家、思想家和宗教改革家，在藏傳佛教史上被尊為「第二佛陀」。

　　宗喀巴主張僧侶要「嚴持戒律」，並積極宣導「學經要遵循次第」的理念，因此人們稱宗喀巴創立的宗派為「格魯巴」。格魯巴是藏語 dge－lugs－pa 的漢文音譯，意為「善規者」或「善規派」，這一稱謂突出了格魯派在藏傳佛教中宣導「嚴守佛教戒律」的風範。

格魯派又名「甘丹派」，這是依寺廟立名的。因宗喀巴大師創建甘丹寺後，晚年長住此寺，所以稱為「甘丹派」。「格魯」是由「甘丹」（即「迦魯」）轉音而來，故稱「格魯派」。又有一種說法是，此派淵源於噶當派，故又有「新噶當派」之稱。而漢地的人因宗喀巴大師及格魯派僧人常戴黃帽的緣故，起了個「黃教」或「黃帽派」的別名，其實並不太妥當。

黃帽派的由來

在西藏佛教後弘期，有一位著名的高僧名之為盧梅（藏語 Klu-mes tsul-khrimsshes-rab）。他是西藏佛教後弘時期最著名的律師及譯師之一，是藏傳佛教自「朗達瑪法難」之後恢復、弘揚佛教，且影響最大的一位高僧。

盧梅大師的門徒眾多，其門人相傳有四柱、八梁、三十三椽之說。四柱弟子之一的尚那囊・多傑旺秋於 1012 年建立傑拉康寺（在現今的林周縣熱振寺附近）；另一位弟子主梅・楚臣回乃則主持修建了唐波且寺（在今山南乃東縣昌珠寺以東，十一至十三世紀培養出許多講經的法師，盧梅曾住持於此）。在盧梅學法完成即將返回西藏時，他的上師喇欽・貢巴饒賽將自己曾經戴過的一頂黃帽贈送給他，且囑咐說：「汝戴此帽，可憶念我。」由於這件事情，後來持律的大德們都戴黃帽。

當宗喀巴出世並大力弘化時，見藏地戒法衰落，故依古代持律大德的密意，也用戴黃顏色的帽子作為「戒法重興」的象徵，最後成為一派的標幟。而藏地沒有「黃帽派」（或「黃教」）一說，此稱謂是漢地的學者為方便教化所取的俗稱，故此派因約定俗成也稱之為「黃帽派」（或「黃教」）。

格魯派創始人：宗喀巴大師

格魯派的創始人宗喀巴，1357 年（元至正十七年）誕生於青海宗喀地方。三歲受近事戒（居士戒），八歲受沙彌戒，十六歲到藏地受比丘戒。自此以後，廣參名師，博學多聞，對於性相、顯密諸部經典都能如實通達；對內明、因明、聲明、醫方明等亦明達了知。

宗喀巴（梵文 Tson-kha-pa，藏文 dge-lugs-pa，1357 年—1419 年），法名羅桑札巴，漢譯為「善慧」（或「善慧名稱」）。1357 年（元至正十七年）10 月 25 日誕生在「宗喀」地方（今青海省湟中縣塔爾寺所在地），後以此地名而稱呼他，故稱「宗喀巴」，意為「宗喀地方的聖人」。父名魯本格，母名香薩阿切，育有子女六人，宗喀巴排行第四。

七歲時，宗喀巴從當地的大喇嘛敦珠仁欽出家，受沙彌戒；後隨師住在甲宅寺學習藏文和佛經，一學十年。宗喀巴大師在法王敦珠仁欽座下求法時，研習了《般若波羅蜜多》、慈氏五論、《定量

論》、《般若波羅蜜多》和《因明》為主的慈氏諸論，以及《二觀》和《入行論》。此外，他還聽受《金剛界頂最勝吉祥》、《法界語灌頂》、《九髻不動金剛》、《五部陀羅尼》和下三部密續（指行部、事部和瑜伽部）的經典。後來，他又聽受《黑敵閻曼德迦》、《能怖金剛》、《紅色閻曼德迦三法門》、《魯、納、枳三師傳規》、《金剛手大輪》等許多無上瑜伽部的教理。

1373 年秋季，宗喀巴到止貢吉祥林寺親謁法王京俄仁波切，在法王座前聽受《大乘發心儀軌》，以及「大手印五法」。那時，宗喀巴大師聽受了止貢派大多數的教法集要，以及《金剛鬘》和《那若六法》等許多甚深法門。接著，他前往察地方，在著名醫官袞卻加布（意為三寶救護）的近前學習《醫法八支論》，並鑽研印、藏許多善巧有成就醫師的醫規與技藝等等，不久成為精通醫學的僧人。

其後，在大善知識雲丹嘉措（意為能海）和大阿闍黎烏金巴座前對《現觀莊嚴論本釋》作了很好的研習，並聽受《絳嘉注解》。又在德哇巾寺聽絳仁巴上師講解《經莊嚴論》等慈氏論著，聽文殊菩薩的化身具德上師索南堅贊（意為福幢）講授了「阿惹巴紮那底」（文殊心咒）的隨許灌頂和枳布傳規的「勝樂身曼荼羅」灌頂，以及「寶帳怙主」隨許灌頂等。僅用了兩年時間，他對於《現觀莊嚴論》的文句及義理便已通達，成為善巧、精通該論的學者。

1375 年，他的辯才在長久獲勝中贏得了圓滿的美譽。之後，宗喀巴前往後藏夏魯爾，在寺主譯師堪欽・仁欽南傑（意為寶尊勝）座前聽受《麥积勝樂十三尊灌頂》和《紅閻曼德迦五尊灌頂》等法。之後，在班欽・瑪底哇・洛追堅贊的座前聽受各種經教；在法王劫勒南傑（意為尊勝諸方）近前聽受《瑜伽六支導釋》等法；在吉窩特寺堪欽巴座前聽受《噶丹道次第》的誦傳教授；在納塘的善巧上師鄧桑巴座前聽受《桑讓注解》及《俱舍論》的教義。

二十歲時，他來到了哲欽寺，在智王梁溫巴・袞噶伯哇（意為普慶吉祥）的座前聽受一遍《現觀莊嚴論詳解》；後來，在上師的弟子仁達哇座前聽受《俱舍論》的指授，並對仁達哇生起了極大敬信。

1378 年春季，宗喀巴大師經納塘來到薩迦，在薩迦寺於上師仁達哇座前聽受一遍《阿毗達摩集論》，時間長達十一個月。除此之外，宗喀巴同時還研習《量釋論》，也聽受《入中觀論》等的講解及《律經》的口傳。在上師多傑仁欽（意為金剛寶）的座前聽受薩迦傳規之《喜金剛續第二品》講解；又在一位精於教授秘訣的密宗老格西近前求得秘訣；在上師多傑仁欽聽受《阿毗達摩集論廣疏嘉言海》及《量釋論》。此外，他還聽受《密集根本續》的講解和《五次第》的導釋等許多教法。

1380 年，他前往後藏納塘，在上師譯師鄧桑巴（意為義賢）座前聽受了《量釋注疏》；在夏季法會期間，在至尊仁達哇的上師、大乘法王、袞噶紮喜（意為普慶吉祥）的近前聽受了《薩迦傳規的上師瑜伽》和《薩迦毗哇巴的甚深護持法》，又從無等上師朗喀南交欽波（意為虛空大瑜伽師）聽受了《蘇噶悉地法門》等法。以上這些慨況，均出自《宗喀巴大師傳黃金鬘》。

之後，他來到了俄爾寺，在上師譯師朗喀桑波（意為虛空賢）的近前，聽受《詩鏡》解說；又在上師仁達哇大師座前聽受《中觀》、《因明》、《對法》、《現觀莊嚴論》等法；在傑准巴座前聽受一遍《現觀莊嚴論》和《毗奈耶》；在德哇巾寺的上師絳仁巴前聽受《中觀》諸論的論文口傳教授。

後來，他看到當時佛教現狀很差，僧人素質低下，多數戒規不整，決心杜絕藏傳佛教的積弊，重樹宗風，於是便創立「格魯派」。後來，他的弟子實行「活佛轉世」制度，遂有「達賴」、「班禪」兩大活佛轉世系統。有人說宗喀巴開創的格魯派，事實上只是重興迦當派的教風，故稱它為「新迦當派」。

1409 年，宗喀巴在拉薩東北部修建甘丹寺。他的弟子紮希貝丹 1416 年於拉薩的西郊修建了哲蚌寺；另一名弟子釋迦耶謝於 1419 年在拉薩的北郊建了沙拉寺，就這樣形成格魯派在前藏的「三大

寺」。1447年，宗喀巴的弟子根敦朱巴（即一世達賴，1391年一1474年）在後藏的日喀則附近修建扎什倫布寺——該寺為格魯派在後藏的傳法中心。

宗喀巴依阿底峽的《菩提道燈論》來開演格魯派的教義。他對顯、密「止觀」也有其獨到的真知灼見，總結「止觀」的法則也十分有次第，堪稱「晚期佛教禪學的集大成者」（陳兵先生語）。格魯派繼承諸派之學統，所傳的密法種類甚多，如馬爾巴和廓洛桀瓦等所傳《集密》；瑪凱等所傳「大輪金剛手」；噶舉派之「空樂大手印」、「那洛六法」、「尼古六法」等，無不具備——其中，以「大威德金剛法」、「時輪金剛法」最為主要。

他對「二莊嚴」（即《現觀莊嚴論》和《莊嚴經論》）、「二辨」（即《辨了不了義論》和《辯法法性論》）、《寶性論》、《般若釋疏》、《般若八千頌攝義》；無著所著的《自性決定論》；世親所著的《二萬五千頌般若釋》；聖解脫軍所著的《八品》；大德解脫軍所著的《二萬五千般若釋》；獅子賢所著的《般若明義》、《八千頌廣釋》、《八品攝義》；佛智所著的《般若注疏》；辛底巴所著的《般若正義》、《八千頌釋》；無垢友所著的《般若心經釋》；蓮花戒所著的《金剛經釋》；世親所著的《莊嚴經論釋》；大德無自性所著的《現觀莊嚴論釋》；喀什米爾連納西所著的《現觀莊嚴論釋攝義》；安惠所著的《釋論》、《辨中邊論釋》及《辯法法性

論釋》等各種論典都很精通，對諸賢者的論文和論文解說等都具足過人的辯析力，並能清晰地領會於心。

《俱舍論指導》他一共聽受過五、六次，對於《俱舍論自釋》，以及佛子名稱友所著的《俱舍明義論》、滿增所著的《俱舍論廣釋》、《隨相論》和《阿毗達摩雜集論》等。他都聽聞、研習過許多遍，尤其對於《上下對法》的共通與不共通的所有分別都極為善巧精通。

對《別解脫戒》來說，結合《律經根本廣釋》的講解也聽受過許多遍，並對法友所著的《律經廣釋》、功德光所著的《律經略釋》、妙友所著的《律事廣釋》、阿闍黎律天所著的《律分別句義釋》、戒護所著的《阿笈摩雜事注》、無垢友（亦稱淨友）所著的《別解脫經廣釋》、羅漢氏宿天所著的《別解脫經花鬘貫釋》、釋迦光所著的《沙彌頌釋》、律天所著的《沙彌五十頌》等所有印度、西藏流傳的律典之義，關於遮止、成立、開許三種制規，以及遮戒、守護戒法、悔改法（即犯罪補救法）等經典論藏，宗喀巴大師都消除了不解、誤解、懷疑和臆造等一切垢染，而獲得徹底且決定性的解悟。

對於《因明藏論》、《集量七注》、《量論自釋》和《集量論自釋》（以上二論為陳那大師所著）、《量釋莊嚴論釋》，天、釋迦、婆羅門三人（按原文譯出，作者不明）所著的《因明入正理論釋》、

《量決定論釋》；法勝所著的《因明正理一滴論釋》等因明學論典，以及諸論的自釋、講義和指導等論著，他經過多番聽聞覺受，能肅清一切邪說。舉凡智者悅意的正論要義，也都能領會於心。

宗喀巴大師觀察到：「若不善巧精通遠離二邊的中觀道，不僅不能趣入一切智佛位，而且亦不能掘除生死輪迴之根。因此抉擇真實空性，成為最大之要義。然而它必須依靠怙主龍樹師徒所造的理論。於是他對於《中觀六論》、《四百頌》、《四百頌釋菩提巴里達》、《中觀心要自釋》等，以及《思擇焰論》、《般若燈論》、禁觀所著《般若燈論釋》、《入中觀論自釋》、《中觀根本明句釋》（後二論係月稱著）、乍雅阿南達所著《中觀論釋》、《二諦論自釋》、《入行論》、《集學論》（此二論係寂天所著）等梵文藏譯本，對西藏方面寫作的一切屬於中觀論的密意解釋的文句意義，他都不厭足地作聽受和思考。尤其是對於抉擇中觀『應成』和『自續』兩派的一切區別，及其中『應成派』不共（不同於他宗）的主張，以及一切真實究竟的理義門類等，他都很好地領會於心中。他還特別向與本尊無別之上師祈禱，請求加持，以求徹底瞭解真實義於心中。尤其是在研習顯密經論時，對於經論彼此所聯繫的釋論等，他能每日不斷地閱讀十七頁、每面有長行十行的經籍，牢記於心中，所記持的文句，從來不曾忘失。這樣的智慧銳利、精進不懈和具『不忘陀羅尼』（係一種密咒，修成後能不忘一切）的功德，是難以衡量的。」

在一切無上續部中猶如幢頂，特別高超的密法是被印度智者稱讚為「日」、「月」的《吉祥密集根本續》（父續與母續的經典）。此續的釋論有：阿闍黎月稱所著的《明燈論》；嬉戲金剛所著的《序分注疏》；夏惹達噶惹哇瑪所著的《七莊嚴釋論》；枳魯巴所著的《釋論大寶樹》；幟麥壩巴所著的《釋續釋論》；多傑謝巴所著的《釋論》；辛底巴所著的《本文注釋合編掌中花》、《行攝要》、《集要》、《合集》；袞噶領波所著的《四天女問經釋》；彌底尊者所著的《釋續略解》；魯絳所著的《智慧金剛攝義》、《次第建立》、《密意懸記釋》、《五次第攝要明解》等。總的說來，所有智慧通達的論師與聖傳（龍樹所傳）兩宗說規之要義等教理，宗喀巴大師都加以探索。而對於《吉祥密集》的主要規範以及由此類推的《父續總綱》等一切要義，他都努力地作了精研。

又，宗喀巴大師對於《勝樂根本續》、《阿毗達磨續》、《空行海續》、《瑜伽母威儀》；那納多傑所著的《勝樂上集釋》、《勝樂總綱生起》；噶敦紮巴所著的《勝樂金剛釋》；楞伽丹卻所著的《釋論》；壩哇班遮所著的《金剛空行釋》；巴俄多傑所著的《難義釋顯示空性》；白瑪班遮所著的《勝樂注疏》；班智達諾桑所著的《空行海續釋》等，所有一切總攝輪（勝樂的別名）的本續、釋續、教授秘訣等的句義，他都確定無誤地領會於心中。

宗喀巴大師對於《紅色閻曼德迦續》、《黑仇閻曼德伽續七品各節釋》，以及拉裡達、頓月多傑、細哇意希、措傑多傑等大師所譯《梵本藏譯釋續》，惹譯師、柳譯師、伯正等許多西藏成就譯師所著的一切關於「閻曼德迦續義」及其支分等進行聽受後，也都能通達其教導的一切要義。

　　而宗喀巴大師對於以薩迦說規來作解釋的《歡喜金剛第二品全部解說》、《金剛歌秘釋》；多傑領波所著的《釋論》；措傑所著的《具蓮釋論》；彌吐達哇所著的《桑布枳釋論》；辛底巴所著的《釋論珍珠鬘》、《那若廣釋》、《六法》；絳秋旺波所著的《寶帳難義釋》；季麥迴勒所著的《教授花穗》、《金剛空行》、《金剛寶帳》；共通的《桑布枳釋論》；不共通的《釋續正本》；各種新解開示的《瑜伽母密續教義》；吉祥呼金剛（喜金剛的別名）的所有甚深要義，都能善巧而且熟練。

　　以吉祥時輪法類來說，宗喀巴大師對於《時輪本續一萬二千頌釋六萬頌》，時輪略續三萬頌繫具種（香拔拉國的王族名），妙吉樣稱的不共說法花鬘詩體指導，這一略續的廣釋即白瑪噶波所著的《廣釋無垢光明論》，以及索瑪納塔所著的《釋論》、《瑜伽六支指南》、《那若法門廣釋》、《金剛手上集釋》、《金剛心要釋》等廣釋的支分及其附注補遺，都進行徹底研習，成為善巧精通者。

此外，宗喀巴大師還對聖白傘蓋佛母的許多法類，光明母法類，寒林（即屍林）法類，大孔雀明王法類，大千輪法類，葉衣母法類，獨髻母法類，顰眉度母法類，救度母法類，尊勝佛母法類等多種密法及不動金剛法類，咕嚕咕咧法類，妙音佛母法類，馬頭金剛法類，金剛手法類，摧壞金剛法類，穢跡金剛法類，大鵬金翅鳥王法類等許多忿怒金剛法類，無量壽佛法類，妙吉祥（即文殊）法類，彌勒和觀世音等許多法類，金剛空行母，獅相佛母等無量的文武本尊，十三尊大怖主明王，內外密三種丹堅卻嘉（具誓法王），四臂怖主明王，故謝（護法）法類，屍林主、吉祥天母的許多法類，紅黑兩種持彎刀護法、持杖護法、伯哲護法、十二女護法等許多男女護法，毗沙門法類，象鼻金剛（財神）法類，臧巴拉（財神）法類等許多財神法類。

此外，還有大輪王、不動佛、藥師佛、能懺除罪業的三十五佛、十六尊者等顯密經典中所說的佛、菩薩、本尊、護法等的灌頂、隨賜灌頂、傳經、誦授、教授秘訣等傳承來源可信而且傳統作法正確的法類，大都聽受而且掌握如是法類，並能進行實修，因而獲得無所畏懼、善巧方便之權威地位。

宗喀巴青年時期曾師事多位高僧，佛學功底淵博深厚，著述等身，被稱為「最後一位佛學大師」。他的代表作有《菩提道次第廣論》、《菩提道次策略論》、《密宗道次第廣論》；其它的著述還

有《中論廣釋》、《辨了不了義論》、《集密月稱釋疏》、《五次第燈明》、《圓滿次第祕義開正見眼》等。

1419年，宗喀巴大師於藏曆10月25日（後人將這一天訂為「燃燈節」）圓寂於甘丹寺，享年六十三歲。宗喀巴圓寂後，弟子將遺體建塔供奉了起來──這是甘丹寺金身大寶塔的由來。

宗喀巴是藏族近代史上名符其實的偉大人物，在藏傳佛教史上被尊為「第二佛陀」。聖嚴法師更譽為「西藏佛學由古到今的第一集大成者」。

強調聞法與持戒並重

與古老的寧瑪派相比，宗喀巴大師所傳的格魯派後來者居上，最後成為西藏佛教的主流宗派，並漸次由西藏傳播到西康、甘肅、青海、蒙古等地。

從教理而言，格魯派認為，釋迦如來的一代正法，不外教、證二法。而一切「教」的正法，又攝在經、律、論三藏之中；一切「證」的正法，攝在戒、定、慧三學之中。因此，三藏未可偏廢，三學亦須全修。當時，西藏有些佛教徒頗不注重廣學多聞，甚至譏誹三藏多聞者為分別師或戲論者，以為只要修學一種簡略的法門便能得到解脫；也有的人只學一部經論，就自矜以為已能滿足事、聞、思了。

格魯派極力主張：對於經藏，要多聞、深思；在大、小乘的戒、定、慧三學上，應認真修習；對於律藏，也要努力聽聞、深思、修學，以成辦戒、定二學；對於論藏，聞思修習也不可放鬆，在如實通達諸法性相之後，方能成就慧學。它把大乘三藏中所說的「菩提心」和「六度行」作為從聞、思、修入境、行、果的綱要。

格魯派認為，正法是否清淨，在於能不能實踐見、修、行三種離垢而決定；能否實踐見、修、行三種離垢，又依他們本身是否能夠隨順解脫為尺度。現將觀空法師闡述的《略舉見、修、行的要點》整理於後，以供讀者參考。

關於正見

西藏古代佛教學者，有執「性空」為「畢竟無」，否定善、惡業果等法，認為它的自性本來空故，這是把斷見執為正見與外道的見解相同，不合佛家的道理。在印度古代有順世外道的分別論者和等入論者；前者承認有業果等，但是不承認有解脫，後者則全然否定業果和解脫。西藏的性空、畢竟無的論師們，執業果完全沒有，又承認有解脫道可修，於內學、外學，最後都成了沒有依據的理論。另，有一些學者則執空性為實有，他們說世俗法空是究竟實際。

還有些學者認為：若計為有，即是取相的執著，因為一切法既不是有，也不是無。他們主張在修見的時候，全不作意有我、無我，

是空、非空，以「不作意」為修真性，並以「不見為見」——這種說法，亦不合佛理。由於有與無、常及無常、一和異等彼此相矛盾的現象，都是一事物上的表詮、遮詮二門，心中若存一個「不作意」之念，即已成「作意」了。又，「不見為見」，已成「見」與「不見」兩種。因此，他們的說法都是自相矛盾的。

又有一類自稱「修靜慮」的學者說：凡有分別、計度的善行，都未離卻散亂，所以主張「只應專修實際」之理。並說，修實際之理也不應依著正理去觀察，只要在不尋伺中，勿追過去，不迎未來，於現在心不起造作，唯在明空、無執之中，並捨一切分別造作，全不作意，平緩而住其心，即得親見法身——這種說法，也是不合佛教教理的。如果全不作意，平緩而住，即能得到佛的一切智的話，那麼等於說是從異因而生異果，則一切非因皆能生一切果了，故不符合「如是因生如是果」的因果律。

宗喀巴大師針對當時西藏佛教中的各種異見，在他的《菩提道次第》、《中論釋》、《入中論釋》等著作中，一一加以批判、抉擇。

宗喀巴的思想體系，是繼承由阿底峽所傳述的龍樹大師之旨，認為生死、涅槃，一切諸法都由「名」及「分別」所安立，在勝義中雖不可得，但在世俗中都能成立。他在闡明「緣起」的中心時說：由於一切法自性本空，故業果等緣起之法才能生起；設若自性不空，

就不能生起業果等作用；又，由於了知緣起之力，才能了知自性本空，因為業果等法，待眾緣才能生起，所以它的自性是空的。

因此，自性空與緣起有，不僅不相違背，並且能相互成立。它的理論方式，可歸納為：「由於自性空，才能緣起有；因是緣起有，所以自性空。」顯然，這裡所說的緣起有與自性有的含義不同，自性空與畢竟無的含義也有所區別。因而，自性有與畢竟無的說法是錯謬的，緣起有與自性空的義理是正確的──這就是所謂的「中觀正見」。

宗喀巴對於龍樹的「中觀」廣為闡明，但對於唯識宗所說「色的體相和遍計」，以及「安立遍計為無自性」的「法無我」義，認為難以如實說明。

關於禪修

西藏佛教中，古代禪修者對於修習的方法有不同見解：有的說「一切分別應斷」；有的說分別是法身現相，「分別愈多，修證愈廣」；有的說「分別是大光明」；有的說「分別即是法身」；有的說「意未散動，明瞭安住時即是佛陀，或名涅槃；若稍散動，即是眾生，或名輪迴」；有的說「於暗室中，結跏趺坐，瞪目而視，心不作意，安住之時所現煙等各種幻相都是法身和自性身」，並說「凡夫異生，也能現見法身」；有的說「以上諸說，雖非法身，但也是速見法身

的前相」；有的說「這些只是亂心所現迷亂之相，毫無益處。」……種種異說，不勝枚舉。

對於上述這些誤解修習體相的異說，宗喀巴都一一給予駁斥。例如，說「一切分別應斷」，則通達空性的理智比量也應斷除，因為它也是分別；可是，正觀諸法，若先沒有通達空性的理智比量，就不能生起現證空性的瑜伽現量，所以說「一切分別應斷」的說法不對。反過來，「計執分別也是法身」也不對，因為眾生的分別多，如果分別即是法身，那麼眾生所證應比佛高，所以這一說法也不合理。

又有人認為，禪修時只應止住修，把修見時所起如理觀察也認為是過失。這種唯以「住分」為主之說，實在是通達實際真理的障礙，甚至誤解「心高舉者，亦令低下」之語，把積聚細沉和陷於昏沉狀態的境界誤為「善修」，還有把定心不明利的細沉當作修定的好現象。因此，不懂真正修定的方法，就很難得到修定的實益。

宗喀巴如理破斥「唯止修論」的異說之後，指出：應依蓮華戒所著的《修習次第》等書中所說的方法去修，應觀察修者即觀察修，應止住修者即止住修，應止觀二種輪次修者即輪次修。

關於戒行

在當時，西藏有些僧人主張，經中所說「斷酒」和「不非時食」等戒是為信解小乘者說，大乘人和已見真性者則無須此束縛之法，因此他們不僅對於出家者所應保持的戒行法儀棄而不顧，並且任意脫卸三衣，破壞清淨律儀。宗喀巴認為，佛教的基礎是增上戒學，因而他對於「斷酒」和「不非時食」戒以及「施食」等微小戒法非常重視，並以身作則，依律而行。

關於密乘

在密部的數量和灌頂、三昧耶戒、近修，以及曼荼羅的事業、次第等方面，宗喀巴都依據密宗經典和印度大德的釋論，闡發入微，使後來修密宗者有所遵循。宗喀巴對於四部密宗、一切道次，以歷代相承的教授作為依據並加以匯通，認為一切經論，皆是修行證果的教授。

格魯派兼具西藏各派教義之長。西藏向來相傳的「上傳戒律」和「下傳戒律」等所有戒律；迦當派所傳的菩提道次第和菩提心教授等；峨洛粲瓦師徒所傳《俱舍》、《現觀莊嚴》、《中論》、《因明》等大論講傳；麻巴和廓洛粲瓦等所傳「集密」；惹、卓、雄等所傳「時輪」；薩迦派師資所傳「勝樂」、「喜金剛」；瑪璣等所傳「大輪金剛手」；惹、覺、當等三人所傳「紅黑怖畏」等四部曼荼羅灌頂；迦舉派法義心要的「樂空大手印」、「那若六法」、「尼古六法」

等教義，在格魯派中無不兼具並含；同時，格魯派還具備五明學處（聲明、因明、醫方明、工巧明、內明）以及文法、算術等世間藝術，教義不可不謂博大精深。

格魯派的傳承

格魯派的創建人是宗喀巴大師（1357年—1419年），出生於青海省湟中縣塔爾寺地方，本名羅桑紥巴。

幼年時，宗喀巴在噶當派寺廟甲瓊寺（或譯為夏瓊寺。該寺位於青海省化隆縣查甫鄉，在西寧西南、黃河北岸）出家，依曲結‧敦珠仁欽學法。後來，經由上師勸說及資助，他前往衛、藏求學深造，先後遊學了當時有名的噶當寺院如德瓦堅寺（在拉薩西南聶塘附近，為噶當派講學顯教兩大院之一的上院，宗喀巴依該寺座主耶協僧格學經）、桑浦寺（在拉薩西南內鄔地方，1073年噶當開山祖師、阿底峽的大弟子俄‧勒比協饒在此創建內鄔陀寺，成立研習顯教經論大學院。此寺又為德瓦堅寺下院，為當時佛教教理最高學府）、聶塘寺（在拉薩西南，屬曲水縣境，是噶瓦‧釋迦旺秋所建，為「噶當派」主寺。阿底峽曾在此講學，居住九年，直至圓寂）、納塘寺（在日喀則專區境內，距扎什倫布寺約一日之程。納塘寺為1153年噶當僧人仲敦‧羅朱紥巴建，為噶當派有名的大道場，寺中的納塘印經院最為知名。宗師在此依止該寺座主頓桑巴學《量論》，依衰噶堅贊學《中論》）、玖莫隆寺（在拉薩堆龍德慶縣內，宗師在此依堪布噶希巴‧羅賽學《律經》）等。

宗喀巴在求法過程，依止的善知識很多，如聶塘寺座主聶塘巴・楚巴僧格、德瓦堅寺座主耶協僧格、聶溫・袞噶白、納塘寺座主頓桑巴、「四難論師」噶希巴・羅桑、孜塘寺座主仁達瓦等；先後系統學習了龍樹的理聚諸論、慈氏諸論、俱舍、律經、量論等，還聽了噶當教典派的《道次第導引》，有次第的學習噶當派的教法，接受噶當派的思想體系。此外，宗喀巴依止穹布勒巴和薩迦派、覺囊派、噶舉派的諸多大師，學習密乘下三部瑜伽和無上部的《密集》、《勝樂》、《大威德》、《時輪》等，他把噶當派和其它教派大德的顯、密教法熔為一爐，構成一套完整的教法體系，為日後建立格魯派打下了基礎。

在當時，佛教內部的思想也極為紊亂，邪說百出，戒律鬆馳。目睹此情，宗喀巴大師遂立下改革佛教之志。1409 年，他修建甘丹寺，先從甘丹寺下手，逐步把他改革的思想付諸實施——規定寺中僧人必須嚴守戒律，規定佛制，樹立講聽之風等。宗喀巴自己亦嚴守律戒，生平專以講經、辯論、著述三種方式來弘法利生。

修學方面，宗喀巴大師提倡顯、密並重，先顯後密。在顯教方面著《菩提道次第廣、中、略三論》；在密教方面著《密宗道次第》；在抉擇正見方面著《入中論注疏》等作為修學理論基礎（大師博學多聞，其他著述尚多，此處從略）。此後，他的理論及風格形成了一個新的宗派，時稱「格魯派」，意為「善規派」。

宗喀巴大師於 1419 年圓寂，時年六十三歲。他在臨終前，將法衣交付弟子賈曹傑（本名達瑪仁欽，1364 年—1431 年，為第二任甘丹赤巴，他保持宗喀巴的教規、道風，遠離垢污，對格魯派發展貢獻良大）。此後，宗喀巴的弟子們本著他的遺願，發揚其宗風，又分頭建寺，先後建立了哲蚌寺（在拉薩市西郊更培伍孜山下，為宗喀巴弟子降仰卻吉建於 1416 年）、沙拉寺（在拉薩市東北郊，為大師弟子降欽卻吉建於 1419 年），與母寺之甘丹寺，合稱為「衛部三大寺」。

後來，又修建起藏部的扎什倫布寺（在後藏日喀則尼色日山下，為大師弟子根敦朱巴建於 1447 年），合稱為「衛藏四大寺」。各寺內均成立學院，分科修學顯教，此後又相繼成立上、下密乘院。上密院初由宗師弟子喜饒森格（1382—1445 年）之徒吉‧袞噶頓朱於 1416 年在前藏墨竹貢卡縣境建寺，稱為「局棨堆巴」，1485 年遷拉薩市小昭寺內，故小昭寺又稱「上密院」。「下密院」在拉薩麥如寺西面，1433 年由喜饒僧格創建。這些道場的建立，使宗喀巴大師制定之顯、密教法弘傳甚廣。

繼賈曹傑之後，住持法座的是克珠傑（宗喀巴第二大弟子，1439 年—1504 年，他繼承札什倫寺法座，後被追認為「第一世班禪」），他又是繼賈曹傑之後的第三任甘丹赤巴，因此通常把宗喀巴、賈曹傑和他稱為「法主三師徒」。此後，法位的繼承採用了「甘

丹赤巴制」，推選精通顯密教理並經嚴格考試者擔任之，迄今保持宗風不變。

西元十六世紀時，哲蚌寺又認定根敦嘉措為宗喀巴大師的大弟子根敦朱巴（1391年—1474年，建扎什倫布寺，把格魯派的勢力擴展至後藏）之轉世，作為「第二世達賴」，追認根敦朱巴為「第一世達賴」，創格魯派達賴體系的「活佛轉世」制度。到第五世達賴阿旺洛桑嘉措時，建立了「甘丹頗章」政權——至此，格魯派在政治上達到其鼎盛時期，促使格魯派寺廟遍及前藏、後藏、阿裡、康區、青海和蒙古地區。

由甘丹主寺最早發展出來的是哲蚌寺，創建人為降仰卻吉‧紮西班丹（1379年—1449年），一般稱為「降仰卻吉」。他是宗喀巴的弟子，博通顯、密，講聽、傳授都遵從大師所定規制。奉師指示，1416年在拉薩西之根培伍子山建哲蚌寺，寺內成立七大紮倉（僧院或僧學院），實施宗喀巴教學的改革計畫。後來，二世達賴、三世達賴、四世達賴均在此坐床，五世達賴在此建立「甘丹頗章」殿，以此為執政中心，掌管西藏地方政教大權。

宗喀巴大師的弟子釋迦耶協，通稱「絳欽卻傑」（1352年—1435年），曾代表宗喀巴大師晉京，朝拜明朝永樂皇帝，受封為「大慈法王」。回藏後，他將皇帝所賜和「帕竹政權」官員的資助拿出

來，於1419年興建了沙拉寺，1434年該寺落成。沙拉寺在拉薩北郊，寺內分顯宗二紮倉、密宗一紮倉，傳播宗喀巴大師學說。

大師弟子根敦朱巴（1391年—1474年），即後來追認之「第一世達賴」，甘丹赤巴霞魯大師曾請他繼任甘丹法座，因當時薩迦教法正處於復興時期，後藏有鄂欽（名袞噶桑布，1382年—1456年，薩迦派高僧。1429年建鄂寺，弘傳薩迦教法自成一派，稱為「鄂派」；他是中興薩迦教派的高僧，又是鄂寺的開山祖師，故稱「鄂欽」）、果釋迦（名釋迦喬丹，1428年—1507年，此人博學多聞，有「班欽」之稱，「果」是其出生地名。1468年在後藏建森多堅寺，自任座主）等大師法緣頗為興旺，他為了能把大師正教弘傳於後藏，拋棄甘丹赤巴的職務赴後藏弘法，1447年在日喀則附近建扎什倫布寺；到四世班禪洛桑卻季堅贊時，扎什倫布寺大加擴建，成為歷代班禪駐錫之地。

另，大師的弟子喜饒僧格（1382年—1445年），曾在師前領受傳法衣帽，肩負起弘揚大師密教任務。他先在後藏建倫布孜寺（有兩寺名倫布孜，一在日喀則地區白朗縣，一在曲水縣），依宗喀巴大師密法規制建立曼荼羅法的事相和續部的講聽；後又建僧格孜寺（在日喀地區薩迦縣境內），亦如倫布孜寺一樣完全遵守宗喀巴大師的密法規制；後，又從後藏返回拉薩，1433年在拉薩市內建立下密院。喜饒僧格弟子袞噶頓朱，1464年先在墨筆工卡縣建上密院，

1485 年遷回拉薩小昭寺內。四大寺和上、下密院之建立使大師的顯密教法得到廣大發揚，而各寺均建立有「活佛轉世」制度保持其傳承系統。

而大師的法嗣喜饒僧格的弟子堆·喜饒桑布，得宗喀巴大師傳授密法，後在阿裡修建達磨寺（在阿裡地區境內），以後發展到桑噶、穀格、咱讓（桑噶在阿裡地區內，即今普蘭縣；谷格，今阿裡紮達縣；咱讓，即今乍布朗，在紮達縣境）等地，樹立大師的良好教規，發展了格魯派。

大師的再傳弟子麥·協饒桑布，曾任沙拉寺副講，其講風完全遵守大師規制，本人也嚴守戒律。經衷勤·降森巴勸請，他回到朵康，改建昌都寺（該寺原屬於噶舉派類伍齊下院，1437 年協香桑布改為格魯派寺院，由「轉世活佛」帕巴拉繼承寺主法座），首弘大師教法於康區。麥·協饒桑布的弟子甚多，他們廣建寺院，使格魯派遍佈於號稱為六岡、六絨、六雪、三茹的整個朵康地區，各地皆有其傳承系統。

三世達賴索南嘉措在康南理塘，主持修建格魯派第一座寺院——長春科爾寺（即今甘孜自治州理塘縣之理塘寺）。1662 年，五世達賴派霍爾·阿旺然吉赴康區，在康北甘孜修建了格魯派第一座寺院甘孜寺，以後發展為十三寺（習慣上稱為「霍爾十三寺」，

即甘孜寺、大金寺、白利寺、東穀寺、檠龔寺、桑珠寺、苦馬寺、覺日寺、靈崔寺、惠遠寺、則書寺、更薩寺、壽靈寺，據說這些寺廟都是十七世紀時固始汗的和碩特部幫助興建的，固始汗部藏語稱「霍爾」，故十三寺均冠以「霍爾」之名）。

又，三世達賴索南嘉措赴蒙時，路經青海湟中縣，朝禮紀念宗喀巴的大銀塔（此處為宗喀巴大師誕生之地，立有寶塔。塔爾寺的由來，正是先有塔而後有寺，故名塔爾寺），並派遣戒師沃色嘉措在塔旁建立藏袞箤倉。住持數任後，寶塔發展為顯、密兩院和醫學院，後來又擴建為塔爾寺。至 1577 年，塔爾寺修建成格魯派在青海的最大寺院。

又有降仰・協巴多吉（1648 年—1722 年）為宗喀巴大師法嗣根敦嘉措的弟子，1710 年他赴甘肅夏河縣修建顯、密六個箤倉的大學院，即是後來有名的拉蔔楞寺。此外，大師的法嗣在青海修建有敦隆寺（或稱郭隆降巴林，即土觀・洛桑卻季尼瑪住持的青海佑寧寺。該寺在青海互助縣境內，1604 年建成，1723 年羅卜藏丹津亂寺火毀，十年後又重建）、色闊寺（又名「甘丹當卻林」，在青海大通縣境內，1649 年頓朱嘉措所建）。十八世紀時，拉蔔楞寺的格丹嘉措在內蒙修建多倫爾寺（在今內蒙多倫縣），由章嘉活佛及其轉世活佛擔任該寺寺主。

格魯派的根本道場

前文提到，宗喀巴大師逝世後，繼承甘丹法席者為賈曹傑（盛寶）、克主傑（善吉祥賢）等；此後，次第相承，直至現在，已歷九十餘人。又，宗喀巴大師的上首弟子妙音法王吉祥具德（絳央卻傑）主持修建哲蚌寺；大慈法王釋迦智於 1419 年（明代永樂十七年），在拉薩建成沙拉寺；根敦珠巴（1391 年—1474 年，漢譯為「僧成」，即一世達賴）於 1447 年（明正統十二年），在後藏日喀則地方修建了扎什倫布寺——甘丹、哲蚌、沙拉、扎什倫布四寺，通稱為格魯派弘揚顯教的四個根本道場。

另外，1433 年，宗喀巴大師的弟子慧獅子（喜饒僧格，1382 年—1445 年）創建下密院（下密院在拉薩麥如寺西面）；喜饒僧格的徒弟慶喜義成（吉·袞噶頓朱）修建了上密院（於 1416 年在前藏墨竹貢卡縣境建寺，稱為「局楚堆巴」；1485 年遷拉薩市小昭寺內，故小昭寺又稱「上密院」），以上是格魯派弘揚密宗的根本道場。

格魯派傳承至清代時，已經形成達賴、班禪、章嘉活佛（內蒙古）、哲布尊丹巴（外蒙古）四大「活佛轉世」系統。這些系統的分支派別，為格魯派的發展與壯大貢獻極大，甚至影響至今。清代以來，格魯派寺院又有很大發展，除拉薩以上幾大寺院外，大昭寺、昌都寺，青海的塔爾寺、隆務寺、佑寧寺；甘肅的拉蔔楞寺、卓尼寺；四川的格爾底寺、甘孜寺；雲南中甸的格丹松贊林寺；北京的雍和宮等，也都是格魯派的著名道場。

❦ 第六章 ❧

生逢政變淪落邊地

清廷冊封確立政教地位

　　達賴和班禪是傳承、光大藏傳佛教格魯派的兩大法脈，同時也是格魯派創始人、有「第二佛陀」之譽的宗喀巴事業的兩大支系。其中，第五世達賴更是西藏歷史上的重要人物，他的一生橫跨中國明、清兩個朝代。

　　1617 年，五世達賴羅桑嘉措出生在西藏山南一個世襲的貴族家庭。1618 年，噶瑪政權推翻了帕莫珠巴王朝，因執政的藏王──藏巴汗嫉惡格魯派，於是對格魯派採取了壓迫、摧殘的政策。1641 年，五世達賴與四世班禪商議後，派人赴青海密召信奉格魯派的固始汗率兵入藏。1642 年，固始汗由青海率大軍入藏，滅掉了噶瑪政權，並將前、後藏十三萬戶的賦稅供養給五世達賴，結束噶瑪政權統治西藏的短短二十四年。至此，格魯派在藏族歷史上達到鼎盛時期。

　　五世達賴在固始汗的擁立下建立了「甘丹頗章政權」，此時正值明朝末年。當時，清朝已在東北建立「後金」（即 1616 年，努

爾哈赤建立後金政權，定都赫圖阿拉——今遼寧省新賓縣老城村，
後遷瀋陽；1636 年，皇太極在瀋陽稱帝，改國號「大清」，改元崇
德，清朝正式建國；1643 年，清太宗皇太極病死，第九子福臨繼位，
是為清世祖順治皇帝），政治局面尚未穩固，故清朝政府無暇顧及
西藏動亂，只好以安撫政策對待之。

1642 年，五世達賴、四世班禪與固始汗商議，派遣賽青曲結為
代表前往盛京（今瀋陽），向清太宗皇太極致以敬意，受到清太宗
的盛情款待。1644 年，清軍攻佔北京，福臨再次在都城—北京即位，
是為清世祖順治皇帝。

順治皇帝先後三次派人進藏請五世達賴赴北京。1652 年，五世
達賴率領藏官侍眾三千餘人赴京。在北京期間，五世達賴一直住在
清朝特意為他建造的西黃寺。1653 年，順治皇帝派禮部尚書覺羅朗
丘等人帶著金冊金印到代噶（今內蒙古自治區涼城縣），追贈返藏
途中的五世達賴，金冊、金印刻有滿、蒙、藏、漢四種文體，冊封
五世達賴的金印全文是「西天大善自在佛所領天下釋教普通瓦赤喇
怛喇達賴喇嘛之印」。從此，「達賴喇嘛」這一封號和達賴在西藏
的地位正式由中央政府確定了下來，以後歷代達賴都須經過中央政
府的冊封，遂成定制。

歷經西藏政權更迭

第巴（或譯為第悉，又作第悉藏巴，意為「後藏上部之王」）即西藏的藏王，是西藏政權掌控者和實施者。「政教合一」後，達賴、班禪掌握前、後藏的宗教權力，而世俗的政治權力由第巴掌控和實施。

五世達賴的施主固始汗，生於 1582 年，是北方新疆地區厄魯特四部之一——和碩特部王哈尼諾顏與王妃阿海哈呑之子。當時，正值第巴統治前、後藏之際，噶瑪噶舉派與格魯派之間矛盾日深。但是，格魯派在上部的阿裡、中部的前後藏、下部的多康、青海、蒙古等地都已形成牢固的基礎——特別是第三世達賴喇嘛索南嘉措與內蒙古的俺答汗結為福田施主關係之後，達賴喇嘛便名聲遠播。

在一段時間內，蒙古四十九大部落之一的喀爾喀部首領卻圖汗率眾離開本土，佔據了青海，實施其統治。他與甘孜地區的白利土司二人都是信奉苯教的，因而對藏傳佛教各派——尤其是格魯派，採取仇視和排斥的態度。在這種形勢下，五世達賴遣人向厄魯特部首領固始汗求助，固始汗應其請求，派人進藏調和。

1637 年，固始汗對青海的卻圖汗用兵，消滅了卻圖汗約三萬人軍隊，並將自己的部落從天山南麓全體遷入青海。1637 年秋天，固始汗率領部分隨從，喬裝成商隊，潛入拉薩，偵察了前、後藏等地

形勢，向達賴喇嘛和班禪大師奉獻白銀數萬兩，後皈依佛法，並受居士戒。

在五世達賴執掌政教大權之前，一直是第巴握有政治大權，其背景是這樣的：從九世紀後期開始，佛教在西藏再一次興起，並取代地方割據勢力。當時最主要的教派有寧瑪派、噶當派、噶舉派、薩迦派等。自 1247 年西藏歸附蒙古勢力開始，以薩迦班智達為首的薩迦派，代表並治理西藏。1252 年，蒙古直接接管西藏，並在當地封王鎮守。

1260 年，元帝忽必烈封薩班之侄八思巴為「國師」，至 1264 年大致上確立了西藏在元朝中央政府統治下，由薩迦派為首的行政管理模式。後來，八思巴又主持了將全藏劃分為十三萬戶的政務，而薩迦派權力位於十三萬戶之首。萬戶政務由「本欽」（元代西藏官職名，即軍政首領）行使——薩迦政權就這樣建立起來。

1270 年，八思巴又被進封為「帝師」。元帝忽必烈遂將整個西藏封給八思巴作為供養，亦為其領地。1290 年，薩迦政權與元朝的聯軍打敗了止貢萬戶和伊兒汗國的聯軍。1297 年，薩迦政權達到其歷史上的鼎盛時期——史稱這一時期為「薩迦政權時期」（1253 年—1354 年）。

此後，西藏又經歷了帕竹政權（1354年—1618年）。帕木竹巴，簡稱帕竹，原為人名，為元朝十三萬戶之一，萬戶長即是帕竹噶舉派的領袖。隨著元朝衰弱，無暇顧及西藏；1339年，帕竹政權打敗了薩迦政權。1349年，帕竹得到元朝中央政府的承認。1354年，帕竹軍隊佔領薩迦領地，建立了「帕竹政權」，首府設在乃東，帕竹政權最高行政官員叫第悉藏巴（簡稱第巴或第悉）。

1372年，明太祖封帕竹首領為「灌頂國師」，承認了帕竹政權對西藏的統治。1373年，正式確立西藏與明朝的臣屬關係。1434年，帕竹政權隨著內訌而衰弱。到十五世紀末，後藏仁蚌家族控制了帕竹政權的實際權力，成為最高行政執行長官——倫欽。此後，才是「第悉藏巴政權」的開始。

1563年，仁蚌家族被辛廈巴家族打敗。1611年，辛廈巴家族當上了後藏地區的第巴（或第悉，即最高行政長官），漢文史籍稱之為「藏巴汗」（即第巴）。1618年，第巴進攻拉薩，打敗了格魯派達賴和喀爾喀蒙古的聯軍，控制了前後藏，取代帕竹政權，建立了「第悉藏巴政權」（1618年—1642年）——這就是「甘丹頗章政權」（1642—1721年）之前的歷史背景。

由於第悉藏巴政權支持噶瑪噶舉派而打擊格魯派，而信奉格魯派的蒙古和碩特部固始汗率兵入藏反過來消滅第悉藏巴政權，控制

全藏，並尊達賴喇嘛為宗教領袖，建立了由蒙、藏聯合執政的政權——「甘丹頗章政權」。地方政府行政長官依然叫第巴。1653 年，清朝順治皇帝分別冊封了達賴和固始汗，並確立清朝對西藏的宗主關係。

1655 年，固始汗死後，和碩特部發生內訌，西藏政權為格魯派控制。1679 年，達賴喇嘛親自任命桑結嘉措為第巴，以管理宗教之外的政務。1682 年，五世達賴圓寂，而時任第巴的桑結嘉措密不發喪，並以五世達賴的名義向清朝政府請示和向西藏僧俗發號施令達十三年之久。

由於害怕其權力被和碩特部奪走，桑結嘉措聯合準噶爾部和吳三桂對抗和碩特部。1705 年，第巴桑結嘉措被和碩特部拉藏汗殺死。1717 年，準噶爾部由阿裡地區進軍西藏，攻入拉薩並消滅和碩特部。1720 年，清軍入藏，驅逐準噶爾部。1721 年，清朝正式廢除蒙、藏聯合執政的第巴制度，以四位噶倫聯合執政的新政權代替甘丹頗章政權。四位噶倫由清朝政府任命，同時派駐軍隊以維護新政權的威嚴——這就是倉央嘉措當時值遇的歷史背景。

最偉大的第巴—桑結嘉措

在「甘丹頗章政權」建立之初，五世達賴主要負責管理宗教事務；政治事務則由五世達賴任命的第巴桑結嘉措管理。在桑結嘉措

之前，首任第巴是索南群培，自 1642 年至 1658 年主政，在位十七年。一直到固始汗逝世的十二年間，索南群培與固始汗共同處理政務——一般在發布命令時，固始汗的紅色印旁會加蓋第巴索南群培的方形黑色印。在此期間，索南群培按五世達賴之意，對以前乃東首領以及第巴制訂的法律條文進行增刪，制定出西藏歷史上著名的《十三條律例》，對後世影響巨大。

固始汗逝世後，1654 年至 1657 年的四年間，由第巴索南群培單獨執政。索南群培一共執政十七年，在他去世後的兩年間，由五世達賴兼法王與藏王之職，治理教政一切事務。1660 年 7 月 13 日，五世達賴任命仲麥巴‧赤列嘉措（桑結嘉措的伯父）為第二任第巴。1669 年 8 月 1 日，五世達賴任命自己的司供堪布洛桑圖多為第三任第巴。1674 年 3 月，洛桑圖多因故而被五世達賴撤職。1675 年，布達拉宮郎傑絜倉的管家洛桑金巴被任命為第四任第巴，到 1679 年 5 月，在位四年後他提出辭職，得到五世達賴批准。

第五任第巴是桑結嘉措。桑結嘉措於 1653 年生於吉雪娘程地方的仲麥村，父名阿蘇，母名普赤傑姆。他八歲初次晉見五世達賴後，便跟隨五世達賴、伯父第巴赤列嘉措等諸多師長，學習聖賢教誨，修習各種學問，後來成為學法者中的佼佼者——尤其對於五世達賴傳授的關於深奧的顯、密佛法次第，以及施政治理之道的教導，都學得很好，這使得他在宗教及政治事務等方面獲得最好的知識教授。

二十三歲時（1675 年），五世達賴任命他擔任第巴之職，但當時他卻請求不上任，得到五世達賴的應允。1679 年，桑結嘉措在無法推託的情況下受命擔任第巴，直至 1750 年卸任。桑結嘉措在擔任第巴二十多年間有不少貢獻，如修改制訂《律法十三條》、修訂和增設行政職位及相關職能（如《明述取捨直線水晶寶鑒二十一條》）、普查人口、清查戶籍、編制稅賦冊籍等，並主持修建世界聞名的布達拉宮和莊嚴金塔（五世達賴的靈塔）。此外，他的一生著作頗豐，著名有《四部醫典·藍琉璃》、《白琉璃》、《第五世達賴喇嘛自傳》、《傳記精要》、《醫學密訣補遺》、《醫學概論》、《甘丹宗教源流 · 黃琉璃》、《大般若經》等，堪稱西藏史上貢獻最多的第巴。

兩派相爭內亂不斷

「甘丹頗章政權」之前，由於辛廈巴家族擔任的第悉藏巴政權支持噶瑪噶舉派而打擊格魯派，所以 1639 年，固始汗自青海調動大軍，進攻第悉藏巴在甘孜境內的盟友白利土司。經過近一年的戰爭，以武力佔領德格、甘孜、芒康、鄧柯、白玉等地，消滅了白利土司頓月多吉及其追隨者。之後，固始汗表面上佯裝帶兵自芒康撤回青海，第悉藏巴聽說這一情況後不知是計，所以沒有增加軍事防範，而固始汗卻在半路趁機突然從北路率兵到達後藏重地，進攻第悉藏巴。

當時，「第悉藏巴及屬下官員還發出蓋印的書信，請求達隆沙布囉、班禪大師和傑策仲巴前來幫助說和……為了試探第悉藏巴及其屬下官員是否會投降，班禪大師根據王（固始汗）與司庫（索南群培）福田施主二人的請求，於冬末前往烏鬱。[1]」但這次議和沒有成功。之後，蒙軍的進攻越來越激烈，而第悉藏巴的軍隊力量則漸漸削弱。

有記載說：「初到孜地（即日喀桑珠孜），大經堂內有無數藏蒙人員列坐聚會，宣示將現存於江孜的薛禪皇帝向八思巴大師奉獻的諸多所依供養──佛像和以日喀桑珠孜為主的藏地十三萬戶全部奉獻。[2]」這一做法是根據元朝薛禪皇帝（忽必烈），將西藏十三萬戶賜給薩迦派八思巴大師的先例而行事。1642年，以達賴喇嘛駐錫地──甘丹頗章宮為名字，正式建立甘丹頗章地方政府。

雖然，固始汗一舉打垮了第悉藏巴政權，但是前後藏並沒有統一。五世達賴及固始汗等返回拉薩後不久，以紅帽系噶瑪巴和黑帽系噶瑪巴為首的第巴勢力便發動了叛亂。班禪大師面臨險境，因而派人前來求援，固始汗與司庫索南群培等率軍經塔布地方征剿敵軍，於舉巴浦大敗以則、蘇為主的工布地區八千人軍隊。並且將噶瑪巴手下司茶仁確英關入監獄，從其護身符內搜出一份貼有噶瑪巴

註1　詳情見《五世達賴喇嘛自傳》一書。
註2　同上。

命令的計畫備忘錄：「『將固始汗及司庫索南群培處死，將班禪大師及我師徒二人帶往工布地區關押，搗毀格魯派寺院；按照鐵猴年起事時的規矩，劃給古熱巴的宗和卡……將日喀則、南木林、白朗三宗交付他掌管。』這份檔落入固始汗王及司庫索南群培之手以後，固始汗大怒，噶舉派遂面臨覆滅的厄運。[3]」

最初，五世班禪大師與薩迦派達欽等人曾向固始汗為叛亂的第巴（尊奉噶瑪噶舉派的辛廈巴家族勢力）丹迥旺布懇切求情，希望固始汗不要傷害他的性命，因而固始汗將丹迥旺布關押在吉雪內鄔宗；但因西藏接連發生大規模的叛亂，所以固始汗最終還是下令將第悉藏巴丹迥旺布從內鄔宗附近投入河中溺斃。

將全藏收服之後，固始汗效法元帝忽必烈供養國師八思巴一樣，將西藏十三萬戶全都獻給了五世達賴，自己則成為了信奉佛教的在家信徒。此後十二年中，固始汗與第巴索南群培共同擔負軍政重任。1654年，固始汗逝世於拉薩的甘丹康薩府邸，五世達賴對他讚揚備至，並對他的逝世深感惋惜。

「甘丹頗章政權」建立之初，正是明朝末年，內地兵荒馬亂，明王朝即將崩潰。以五世達賴和四世班禪為首的格魯派，為了鞏固

註3 同上。

已取得的統治局面，爭取中央王朝的支持，加強和中央王朝的聯繫。於是，五世達賴、四世班禪和固始汗經過協商，決定和在東北盛京（今瀋陽）建立的清朝政府建立聯繫，遂於 1642 年派遣伊拉古克三呼圖克圖為代表前往瀋陽，次年（1643 年）到達盛京（瀋陽），

清太宗親皇太極率領親王、貝勒、大臣等出城迎接，皇太極還親自對天行三跪九叩之禮，意謂「西藏人的到來是出自天意的安排」，是上天護佑清朝的表現，因此要感謝上天。入城以後，皇太極又親自到伊拉古克三等人的住處去看望。伊拉古克三等人在盛京停留了八個月，受到盛情款待，在他們返回拉薩時，清太宗給達賴、班禪和固始汗等都寫了回信，稱讚達賴喇嘛「拯濟眾生」、「扶興佛法」，並贈送厚禮。

1644 年，清軍入關。順治帝即位後，派人入藏邀請達賴喇嘛進京；但是，五世達賴接到清朝的邀請後，只是向順治帝獻禮、問安，沒有應邀動身之意。此後，清朝又在 1648 年、1650 年、1651 年接連派遣專人三次進藏，敦促五世達賴前往內地。1648 年，五世達賴曾向進藏邀請他的清朝官員推託說：「我今不往，然我必欲往，當於卯年（1651）送馬匹，辰年（1652）前來。[4]」

註 4　見《清史稿・藩部八》、《蒙藏佛教史》等書。

而正當第巴桑結嘉措處在各種矛盾交鋒的頂端，已是寢食難安；再加上倉央嘉措不為常人所理解的所作所為，更加讓他焦頭爛額、進退兩難。於是，西藏各地流言四起，人們都對這位似乎不守清規戒律的六世達賴議論紛紛，而第巴桑結嘉措的政敵也趁機大肆攻擊，尤其是一直對西藏心懷不軌的準噶爾部首領策妄阿拉布坦，上書康熙帝指責倉央嘉措不像一個名實相符的達賴。

　　第巴桑結嘉措另一個政權勁敵──拉藏汗甚至上書說懷疑倉央嘉措不是五世達賴轉世的「六世達賴」。於是，皇上特派了一位精於相術的人進藏。這個人到了後，請尊者赤身裸體坐於座位之上，他就圍繞尊者的聖體前後左右地仔細查看，從各個方面觀察、辨認之後，說道：「這位高僧大德是不是五世尊者的轉世，我固然不知，但作為一個聖人（聖僧）所應具備的體形、特徵卻是圓滿無缺的！[5]」說完後，即頂禮而退，返回內地。

　　此後，拉藏汗與第巴之間的矛盾愈演愈激烈。康熙帝知道後，就派遣恰納喇嘛和安達卡進藏處理第巴與拉藏汗之間的不和；但二位欽差大人尚未到達拉薩，拉藏汗已經將第巴誘捕之後就地處死。欽差到達的時間正好是戰亂最危險、繁雜的時候，而拉藏汗鬼迷心竅地在御史面前說了尊者不少壞話。拉藏汗的強詞奪理和巧言令

註5 詳情見《倉央嘉措傳》，清‧阿旺多爾濟著，莊晶、于道泉等譯。

色，使得兩位欽差十分為難。最後，只得將尊者迎請內地再作定論
——那一年，尊者年壽二十五歲，時值藏曆火豬年秋（1707年）。[6]」
於是乎有某些史料便說「六世達賴進京面聖，行至青海湖畔病故」
云云。

政治與宗教角力的犧牲品

而懷疑倉央嘉措是否為「六世達賴」的不是別人，正是當年力
排諸教、推崇格魯派的固始汗的曾孫——拉藏汗。因固始汗死後，
他的子孫們一直都想進駐西藏，並肩負監督西藏政局的使命；而拉
藏汗在位時，也一心想取得對西藏的絕對統治權與最高地位。因第
巴桑結嘉措手和他一直不和，據說第巴・桑結措手曾買通拉藏汗
身邊的侍從，三番兩次下毒謀害拉藏汗，於是雙方仇恨不共戴天，
鬥爭日益趨向白熱化。

1705年，拉藏汗起事，第巴桑結措手不及，之後被殺。對於第
巴桑結措手的殘餘勢力，拉藏汗自然是毫不留情，一一剷除而後快，
作為六世達賴的倉央嘉措自然在劫難逃。但是，達賴喇嘛的地位畢
竟尊貴，在西藏民眾中頗具影響力；雖然倉央嘉措一些看似反常的
舉動令西藏上下議論紛紛，但大多數的僧人及信眾仍相信他是真的
達賴喇嘛，倉央嘉措的怪異行為只是「迷失菩提」。

註6 同上。

最後，拉藏汗找藉口，以倉央嘉措「舉止不正」、「沉溺聲色」、不遵佛門規矩為由，宣布倉央嘉措是假的「六世達賴」，應予廢黜，並將結論上報康熙皇帝。康熙帝本就對第巴專政、私立達賴的行為極為不滿，於是便順著拉藏汗的意思，下旨命令廢除倉央嘉措「六世達賴」的封號。後來，又下旨命令將倉央嘉措解送進京。自此之後，倉央嘉措便不知所蹤，遂成三百年來之懸案，其後半生或結局，迄今仍是一個未解之謎。

拉藏汗廢除倉央嘉措的做法很不得人心，雖然西藏的僧俗貴族和普通百姓們，都覺得倉央嘉措行為似乎反常乖戾，不遵教規戒律，但多數虔誠而又樸實的人民並不認為倉央嘉措是假的達賴。根據相關史料記載：當倉央嘉措被押解出行時，無數的民眾為他送行，淚流滿面；走到西藏三大寺之一的哲蚌寺時，哲蚌寺的僧眾奮力把倉央嘉措從押解他的蒙古軍隊中搶出，但又被聞訊趕來的拉藏汗部下圍攻，寺僧不敵，且倉央嘉措不忍流血事件發生，故再一次從容受押，依舊被解送北上，行至青海湖附近便失其蹤跡。

關於他行至青海湖畔之前的經歷，諸多史料記載大致相同，但之後的結局則眾說紛紜。有的說他行至青海湖附近就病故；也有人說是在途中被拉藏汗派人暗殺；有的說倉央嘉措被解送至內地後，即遭軟禁在五臺山，後在五臺山圓寂；也有的說他遁然離去，周遊印、尼、青、藏、川等地，十年後定居在內蒙古阿拉善旗云云。不

管怎麼說，倉央嘉措也終是因政治紛爭、教派分歧而離開西藏，只是他的後半生留給世人長達三百餘年的未解懸念。

真假六世達賴風波

倉央嘉措在青海湖附近失蹤後不久，拉藏汗擁立了自己選定的一位名叫益西嘉措的僧人為「達賴喇嘛」，並請五世班禪為他授戒。清政府為了安撫及平定西藏，也於 1709 年（清康熙四十九年）正式冊封益西嘉措為「六世達賴喇嘛」。

西藏民眾都十分悲痛倉央嘉措「被廢」和「早逝」，他們打從心底不願承認拉藏汗所擁立的益西嘉措為達賴喇嘛，認為益西嘉措才是假的六世達賴。由於政治原因及內訌，西藏不少勢力對拉藏汗的專政十分不滿。康熙皇帝也知道新的六世達賴難得民心，更難領導格魯教，於是冊封班禪大師為「班禪額爾德尼」，希望他能領導格魯派並安定西藏局勢，但這並沒有避免真、假六世達賴的紛爭。

「白色的野鶴啊，請將飛的本領借我一用。我不到遠處去耽擱，到理塘去一遭就回來。」這首詩據說是倉央嘉措將在理塘轉世、再度為人的預言。1708 年，一位小男孩降生在理塘圖欽強巴林寺附近，父母為他取名格桑嘉措。小男孩生來就不同一般，且聰明過人，並能識別出倉央嘉措生前用過的物品，於是被格魯派三大寺及西藏、青海蒙古上層僧俗認定為倉央嘉措的「轉世靈童」。

之後，眾人把這個男孩接到寺廟中奉養起來，並請求中央政府確認為「達賴喇嘛」。康熙帝考慮到已經冊封拉藏汗所立的幼童為「六世達賴」，於是為免雙方的衝突升級，沒有答應冊封之事，但他很關切小男孩的安全，為避免意外，便命人將格桑嘉措轉移到青海的塔爾寺供養起來。

內部的紛爭，讓垂涎西藏的準噶爾部首領策妄阿拉布坦有了可趁之機。1717 年，準噶爾部的軍隊殺進西藏，拉藏汗被殺害──至此，固始汗及其子孫控制西藏地方政權七十餘年的局面宣告結束，拉藏汗所擁立的「六世達賴」益西嘉措也被準噶爾部囚禁了起來。

準噶爾的軍隊在西藏肆意縱行，燒殺擄掠，破壞許多寺廟，並搶走不少的珍貴文物，引起西藏僧俗的強烈不滿。康熙皇帝決定驅逐準噶爾部以保護西藏，於是命皇十四子胤禵擔任撫遠大將軍，出兵西寧，並全權指揮軍隊以採取行動。

1720 年，清軍進藏驅逐了準噶爾的軍隊，收復西藏。同年，康熙帝下旨敕封格桑嘉措為「七世達賴」，並由滿、漢官兵及青海蒙古軍隊護送「靈童」入藏，正式舉行「坐床」典禮──至此，真、假達賴之爭終於宣告結束。

第七章

招毀謗誣陷，遭放逐失蹤

蒙古強奪西藏政權

俗話說：「勝者為王，敗者為寇。」由於政權之爭，拉藏汗與第巴桑結嘉措之間的矛盾日益尖銳，加上政局複雜、隱瞞五世達賴圓寂，再加上倉央嘉措不為常人所理解的所作所為，令第巴桑結嘉措焦頭爛額、進退兩難。於是，西藏各地流言四起，而第巴桑結嘉措的政敵更是趁機大肆攻擊，而一直對西藏圖謀不軌的準噶爾部首領策妄阿拉布坦，則上書給康熙帝說倉央嘉措不是真達賴。

第巴桑結嘉措的政權勁敵拉藏汗也上書皇帝，懷疑倉央嘉措不是五世達賴的轉世。拉藏汗就是利用倉央嘉措與第巴桑結嘉措之間的矛盾，以及倉央嘉措不同一般僧人的行為，而製造出越來越多紛亂，甚至傳出「第巴企圖投毒殺害拉藏汗」的說法，於是藏、蒙兩地的福田與施主之間的衝突更加尖銳。

1705 年 1 月，倉央嘉措、吉雪第巴、拉木降神人、沙拉及哲蚌二寺的堪布、政府各要員、班禪大師的代表、蒙古諸施主等，集議

如何解決矛盾。最後議決：第巴桑結嘉措辭去地方政府長官的職務，將貢嘎宗撥給他作為食邑。拉藏汗則保留「地方政府蒙古王」的稱號，返回青海駐牧。

但是，實際上雙方都沒有打算執行決議。拉藏汗從拉薩出發後，在羊八井、當雄等地駐留多日，緩緩抵達那曲，在那曲集結了藏北各地的蒙古軍隊。他藉口第巴未遵守決議，仍待在布達拉宮內干預政務，所以從那裡折返拉薩。1705 年 5 月，拉藏汗在當雄將蒙古軍隊分為兩路：一路由他親自率領，從澎波而來；另一路由其妻次仁紮西及部分軍官率領，從堆龍德慶而來。當時，沙拉、哲蚌二寺的赤巴及班禪大師的代表等人聞訊後，急忙先後趕去勸阻，請求汗王罷兵，但遭到拒絕。1705 年 7 月，第巴桑結嘉措被抓獲，押至堆龍德慶的朗孜村立刻斬首——從此，蒙古人拉藏汗統治前後藏達十二年之久。

康熙帝皇廢達賴封號

在拉藏汗抓獲第巴之前，康熙帝也知道他們之間的矛盾，便派遣欽差恰納喇嘛和安達卡進藏處理第巴與拉藏汗之間的不和，但二位欽差大人尚未到達拉薩時，拉藏汗已經將第巴誘捕之後就地處死。欽差到達的時間正好是戰亂最危險、繁雜的時候，而拉藏汗在欽差面前說了倉央嘉措不少壞話，拉藏汗的強詞奪理令兩位欽差十分為難，最後只得將倉央嘉措迎請內地再作定論，這就是後來解押北上、行至青海湖的原因。

拉藏汗掌握大權以後，對倉央嘉措多方責難，並寄信呈報康熙帝，說倉央嘉措不是真正的活佛，康熙帝只好派一位精於相術的人進藏驗證，結果為「是不是五世尊者的轉世，我固然不知，但作為一個聖人所應具備的體形、特徵卻是圓滿無缺的[1]」。

另外，拉藏汗還特派人員赴京，向皇帝讒言說：「第巴桑結嘉措勾結準噶爾人，準備反叛朝廷。」又說：「第巴桑結嘉措在布達拉宮所立的倉央嘉措，不是五世達賴真正的『轉世靈童』。倉央嘉措終日沉湎於酒色、不守清規等等，請皇上予以廢除。」於是，康熙帝遣派侍郎赫壽等人赴藏，敕封拉藏汗為「翊法恭順汗」，賜金印一顆；命廢除倉央嘉措「六世達賴喇嘛」的稱號，並「執獻京師」。當時，西藏政府遵照聖上的諭旨，廢掉倉央嘉措「達賴喇嘛」稱號後，不久即「解送」北京，抵達青海的一個名叫更尕瑙爾地方後行蹤不明。

關於倉央嘉措的結局，有的說在青海病逝（圓寂），時年二十五歲，這是所謂正史中比較普遍的說法。另一種說法，是他遁然離去，周遊印、尼、青、藏、川等地十年後，定居在內蒙古阿拉善旗的南寺（廣宗寺），前後達三十年之久，於六十四歲才去逝。

註 1　詳情見《倉央嘉措傳》，清·阿旺多爾濟著，莊晶、于道泉等譯。

偽立的「六世達賴」

在倉央嘉措赴京之後，拉藏汗將一位生於 1686 年的僧人白噶爾增巴·益西嘉措認定為「第六世達賴喇嘛」，將其迎至布達拉宮坐床，他前後在位十一年，但是西藏的僧俗群眾皆不承認他是達賴喇嘛的轉世靈童。白噶爾增巴·益西嘉措「坐床」以後，拉藏汗便上奏康熙皇帝，請求皇上承認他是達賴喇嘛，並賜金印；康熙帝依奏，賜金印一顆，印文「敕封第六世達賴喇嘛之印」被修改為「敕賜第六世達賴喇嘛之印。[2]」為了穩定西藏當時的混亂局面，1713 年，康熙帝冊封第五世班禪洛桑益西為「班禪額爾德尼」，賜金冊、金印。從此，歷代班禪的「額爾德尼」名號便確定下來。

1716 年，準噶爾部的首領策妄阿拉布坦遣其大將策零敦多布，率領六千名精銳部隊「繞戈壁，逾和田大山，晝伏夜行」，於 1717 年夏季經藏北的納木湖突然攻入西藏。那時，拉藏汗駐兵於當雄，其次子蘇爾紮從青海迎娶妻子回來抵達當雄，正在設喜宴慶賀，下屬來報拉藏汗說「大批軍隊正從納木湖濱馳來」，拉藏汗立即採取集結前後藏、塔工等地的軍隊以拒敵。

在當雄，雙方交戰數場，拉藏汗一方的著名猛將代本歐榮巴及繃唐巴二人犧牲，頗羅鼐也負了重傷，但最終沒有阻擋住敵人。後

註2　《印鑒清冊》11 頁。

來，得知準噶爾軍隊企圖進軍拉薩，拉藏汗與軍隊急忙返回拉薩，命藏、蒙軍隊在拉薩城四周紮營以禦敵。隨即，準噶爾軍將拉薩團團圍住，偽言他們不是為攻打拉藏汗而來，而是率軍護送倉央嘉措的「轉世靈童」格桑嘉措（即七世達賴）進藏的，是為了西藏的黎民百姓和神聖教法而來。這種輿論一傳十、十傳百地蔓延開來，使得城中的藏軍產生極大厭戰情緒，更喪失鬥志。幾天後，準噶爾軍隊發起全面進攻，東面的敵人暫時被頗羅鼐率領的軍隊擊退，但是從北面進攻的準噶爾軍隊衝進拉薩市內，拉藏汗聞訊後立即帶領少數侍從進駐到布達拉宮。

當年（1717 年）11 月 1 日，拉藏汗不聽親屬們的勸阻，在其臣屬蒙古人洛桑群培的追隨下，出布達拉山下城牆東門，直奔魯古柄第而去，路上殺了幾名準噶爾部的士兵，最後被大批準噶爾軍隊包圍亂刃殺死。此後，準噶爾部暫時掌握西藏大權。準噶爾部首領將偽立的「六世達賴」白噶爾增巴‧益西嘉措從布達拉宮廢除，並帶往藥王山廟加以管制。拉藏汗的大將頗羅鼐被長期監禁，並處以鞭刑，後經第巴達孜瓦再三說情，才將其交給第巴。準噶爾部統治西藏共計三年，直到 1720 年清軍入藏驅逐了準噶爾部，正式廢除蒙、藏聯合執政的制度，代以四位噶倫聯合執政的治理方式。

遊戲神通凡夫不識

處於政權紛爭的倉央嘉措，不管是因為和碩特部與準噶爾部的權力之爭，還是噶瑪派與格魯派之爭；加上五世達賴圓寂前有遺囑，故第巴桑結嘉措隱而不報十三年。在這樣的背景底下，倉央嘉措雖貴為達賴喇嘛，但他並沒有過多的過問政治，也因其獨特的天賦與秉性，他將精力放在學習經典、修證佛法上。當然，作為一名僧人，倉央嘉措不但要研修佛法教理，還得精通五明學問（即聲明、工巧明、醫方明、因明、內明），所以世出世間的學問他都有很高的修證——直至今日，他的詩歌成就有目共睹，歷史也如實地證明他過人的文學天賦。

在佛教中，有些佛教大師常以「遊戲人間」的方式巧妙說法，或以詩歌的形式宏道，歷代不乏其人，如寒山、拾得、布袋和尚、濟公活佛，又如南北朝・齊・傅翕（傅大士）的《心王銘》、唐・玄覺（永嘉）禪師的《永嘉證道歌》、宋・普明禪師的《牧牛圖頌》、西藏的《米拉日巴尊者歌集》等。

根據統計，漢地詩人以僧人的身分吟詩作賦的，從唐至五代有據可查的僧人詩集就達四十餘部，以王梵志、皎然、齊己、貫休、寒山、拾得為代表的詩僧，其詩歌著作豐富，成就斐然，為世人所公認。在西藏也有不少高僧以詩歌（或道歌）形式傳法，如宗喀巴、密勒日巴、倉央嘉措等。其中，倉央嘉措除了後半生是一個懸而未決的謎案之外，他的詩歌在西藏是公認絕佳的，堪稱「雪域詩聖」。

倉央嘉措的詩歌能在藏、蒙兩地廣為傳唱，現在又受到漢地以及東、西方人們的共同青睞，這足以證明他的詩歌極具魅力，自然有它的美感所在及超人之處，絕非凡俗之人所誤解的那般膚淺與庸俗！正如曾緘先生所說：「倉央嘉措既長，儀容瑋畏，神采秀髮，賦性通脫……倉央嘉措學瞻才高，在諸世達賴中最為傑出，故屢遭挫辱，猶為藏人愛戴……歌曲流傳至廣，環拉薩數千里，家弦而戶誦之……情辭悱麗，餘韻欲流……誠有令人動魄驚心者也。……故倉央嘉措者，詞壇之功臣，言情者之所歸命也……千佛出世，不如一詩聖誕生。[3]」可見他的詩歌成就之高、魅力之大，亦可視其詩歌為道歌。

　　所謂「凡人不知聖境」、「下士難測聖智」，倉央嘉措是否為聖人固然不得而知，但自古以來，追求「聖境」或「聖人」的人很多，得道與否卻是很難說得清。當然，無論正史還是野史，均記載著不同的人物或事件，有時也無法判斷其真假。將那些有著高超智慧與成就或過人之處的，或不同常人的人稱之為「聖賢」；將那些不同於常人的（當然，不是離譜、荒誕的）做法稱之為「遊戲人間」，或許是最為恰當的吧！

　　倉央嘉措一生身處內憂外患之境、凡聖紛爭之名，除了在家鄉十三年以及二十五歲遁然離去，留給世人無限地懷念與存疑。有的

3　、《六世達賴倉央嘉措略傳》，曾緘著，原載《康導月刊》1939 年第 1 卷第 8 期。

史料則記載說，他遊歷印度、尼泊爾等地十年之後，駐錫在內蒙古阿拉善旗三十年，並兼任多座寺院的法主、主持、赤巴、堪布，度眾無數，廣結法緣——尤其修復甘肅石門寺、培養多名弟子；其中，心子阿旺多爾濟成就不斐、造詣非凡，並遵倉央嘉措的遺願而修建了廣宗寺（南寺），將他的法脈發揚光大。所以，倉央嘉措的一生可謂有些離奇，但他的成就又為知情者所敬佩和讚歎的，故我用「菩薩遊戲人間」來形容他的一生，或許合情合理！

　　聖賢的行為，凡夫總是難以知曉和理解，也許倉央嘉措的歷史定位，在不久的將來，有關他的謎底會揭曉，世人會得到一個明確的答案，給他一個恰如其分的定位與評論。

眾業召感誹謗出走

　　話說當時，五世達賴到了晚年，便不大過問政事，一切由那位於 1679 年委任的第巴桑結嘉措（1653 年─1705 年）主持治理，他自己則專心於著作經典。五世達賴的著作共有三十多卷，其中以《相性新釋》、《西藏王臣記》、《菩提道次第論講議》等最為有名，在西藏佛教界傳播甚廣。1682 年，五世達賴在布達拉宮病故，享年六十六歲。

　　在倉央嘉措出生之前，以五世達賴為首的格魯派借助和碩特蒙古首領固始汗的強大軍事力量，推翻了敵對派噶瑪王朝，建立以格

魯派為主體的甘丹頗章政權。但是，固始汗在消滅噶瑪王朝之後並未離開拉薩，他命其子率部駐牧青海，以加強他所領導的和碩特部根據地，並將整個康區的賦稅用於供給他在青海的部眾。而他自己則擁兵坐鎮拉薩，並留下八個旗的蒙古軍隊駐紮於前藏的達木（今西藏當雄），歸他直接調遣。同時，他還掌握西藏地方政府中高級官吏的任命權。所以，當時的西藏，事實上形成蒙古汗王與格魯派領袖進行聯合統治的局面。

與此同時，剛剛入主中原的清王朝忙於鞏固政權和穩定時局，無力顧及西藏，只好對既成的事實予以默認和許可，並於1653年分別對五世達賴和固始汗正式進行冊封，確立五世達賴在西藏的宗教領袖地位和固始汗在西藏政治領袖的地位。隨著藏區局勢的穩定和達賴喇嘛威望的不斷提高，在固始汗去世後，其諸子之間由於內訌遲遲未確定汗位繼承人，於是和碩特蒙古在西藏的統治地位被削弱，以五世達賴為首的西藏地方政府逐漸獨攬政教大權，蒙藏貴族聯盟趨於瓦解，最終引發雙方對西藏實權的爭奪。

到了1679年，五世達賴年事已高，為了預防自己死後甘丹頗章王朝的大權旁落，任命由他培養教育多年的桑結嘉措為第五任第巴。桑結嘉措出任第巴後，憑藉五世達賴的支持和自身卓越的政治才能，進一步增強西藏地方政府的實力。為了擺脫和碩特蒙古汗王對西藏的控制，他竭力同蒙古準噶爾部噶爾丹建立密切關係，企

圖借助噶爾丹的軍事力量來牽制和驅逐和碩特蒙古勢力在西藏的影響。

1682年，五世達賴圓寂時，西藏正與鄰近的拉達克交戰，桑結嘉措為穩定西藏的社會局勢，確保已取得的權勢與地位，一方面對五世達賴實行秘喪，對外則偽言「達賴入定，居高閣不見人，凡事傳達賴之命以行」；另一方面，第巴桑結嘉措開始著手秘密尋訪五世達賴的「轉世靈童」。1685年，第巴桑結嘉措密派曲吉卡熱巴‧多倫多吉、多巴‧索朗查巴二人尋訪五世達賴的轉世靈童——倉央嘉措就是在這種權力鬥爭的背景下被尋訪、認定和坐床。

自倉央嘉措「坐床」以後，西藏社會內外動盪紛亂，各種矛盾日趨尖銳。儘管五世達賴喇嘛圓寂的消息被宣布後，立即舉行六世達賴的「坐床儀式」，但對西藏、蒙古僧俗要員還是產生了較大影響，特別是蒙古族上層，他們都為爭權奪利而蠢蠢欲動。1700年，丹增達賴汗在西藏去世後，更加劇了西藏政局動盪。康熙皇帝對第巴桑結嘉措將五世達賴圓寂後「秘不發喪」且私自擁立新達賴一事甚為動怒，並致書斥責；但出於大局考慮，康熙皇帝對第巴所作的行為予以承認，也沒有追究，並親派章嘉呼圖克圖赴藏參加了倉央嘉措的「坐床」慶典。

由於第巴桑結嘉措長期獨斷專權，引起一些僧俗封建主的不滿，也讓倉央嘉措無端地受到牽連。作為年少的倉央嘉措，雖被第巴桑結嘉措扶上「法王」寶座，但政權卻仍由第巴桑結嘉措一人獨攬，在這樣的環境中——特別是高牆深院、戒律森嚴的宮廷、嚴格監督下的繁重枯燥且沒有自由的生活，讓倉央嘉措對現實的某些不平與壓力產生了不滿與厭煩情緒，於是促使他淡泊名利、專心學佛，在心境上更趨向灑脫與自在。

再者，為了讓倉央嘉措的修持與學問快速趨向圓滿，第巴桑結嘉措以經師與藏王的雙重身分來教導他。第巴桑結嘉措還督促他的經師和身邊侍從對倉央嘉措進行嚴格管教、反復規勸，但最終的結果適得其反——過嚴的教育反而使他們之間產生嚴重隔閡，最後就連第巴桑結嘉措也無可奈何。

1702 年，倉央嘉措聽從第巴桑結嘉措的勸告，前往後藏至扎什倫布寺從班禪大師受比丘戒；但在 6 月 20 日抵達扎什倫布寺後，當班禪大師建議倉央嘉措在大經堂為全體僧眾講經時，被他斷然拒絕。後來，班禪額爾德尼又勸倉央嘉措趁此機會受比丘戒，亦被他拒絕，他還當場表示不願受比丘戒，甚至要捨掉沙彌戒，且一再地懇請班禪大師接受他捨掉沙彌戒，說「不能交回以前所授的沙彌戒，將面向扎什倫布寺而自殺」，並換上居士（俗家學佛人）的服裝。

正是這些驚世駭俗的舉動，讓中傷者有了口實。而各派高僧卻並不是這樣看他，因為修行成就者並不一定要顯「出家」相，噶舉派的馬爾巴大師就是一例。而寧瑪派的傳承中，也對現出家相並不看重，所以他的行為只證實其獨特個性或特殊修證，或說明他出生在寧瑪派的家庭，故受寧瑪派的教義影響較大。所以，他的舉止並不是垢病者所說那般無聊與低俗，僧俗大眾都給予了理解與同情，對他不合常規的行為認為「只是一時迷失菩提」而已。

因緣有定順天時

我們再來回顧一下：十七世紀初期，西藏地方政權為噶瑪所統治，由第巴管理政事。信奉噶瑪噶舉派的第巴與藏巴汗，因教派偏見對格魯派採取壓迫摧殘的政策。1630年左右，第巴丹迥旺布利用土默特部的拉尊和琿台吉發生內訌的機會，發動了一次反格魯派的高潮，致使五世達賴不得不避往山南。

因受到噶瑪噶舉的極力壓迫，格魯派不得不採取對抗辦法。1641年，五世達賴和四世班禪商議，派人赴青海密招固始汗率兵進藏，推翻噶瑪地方政權的統治，遂擁立五世達賴喇嘛建立「甘丹頗章」政權，但在實際政務管理上，西藏地方完全受控於固始汗。1655年，固始汗死後，和碩特部發生內訌，西藏政權為格魯派控制。1679年，達賴喇嘛親自任命桑結嘉措為第巴，以管理政務。1682年，五世達賴圓寂，第巴桑結嘉措密不發喪，並以達賴的名義向清朝政府請示和向西藏僧俗發號施令達十三年之久。

由於害怕其權利被和碩特部奪走，桑結嘉措聯合準噶爾部和吳三桂對抗和碩特部。1705 年，第巴桑結嘉措被和碩特部拉藏汗殺死；1717 年，準噶爾部由阿裡地區進軍西藏，攻入拉薩並消滅了和碩特部。1720 年，清軍入藏，驅逐了準噶爾部；1721 年，清朝正式廢除蒙、藏聯合執政的制度，代以四位噶倫聯合執政的制度，由清朝政府任命，並駐有軍隊。自此，西藏地方政府官員任免，均須通過中央政府首肯。

從上面的內容我們可以看出，不管是因為權利之爭，還是常人不理解的「迷失菩提」，總而言之，這一切的際遇與決定，似乎都是有其前因後果的，或者說是有其歷史原因的，也就是佛家所說的「因緣」。從這個角度來說，倉央嘉措選擇離開西藏也是「因緣之所召感」，那麼，他的後半生也只是順應因緣時節罷了——這樣來說，後來所發生的一切便在情理之中了！

∽ 第八章 ∾

隻身遁去永離塵囂

神秘失蹤訛傳紛紜

早在 1707 年（清康熙四十六年），拉藏汗與第巴之間的矛盾即愈演愈激烈。康熙帝知道後，就派遣恰納喇嘛和安達卡，進藏處理第巴與拉藏汗之間的不和。但是，二位欽差大人還沒有到達拉薩時，拉藏汗已經將第巴誘捕之後就地處死了。

正因如此，欽差到達的時間恰好是戰亂最危險、紊亂的時候，而拉藏汗鬼迷心竅地在欽差面前說了倉央嘉措不少壞話。拉藏汗的強詞奪理，又無法自圓其說，使得兩位欽差十分為難，最後只得決定先將倉央嘉措迎請到京城，面見聖上，請康熙帝定奪——那一年，倉央嘉措年僅 25 歲。

路過羊八井，經念青唐古喇山一路緩緩北上，走到當雄的納木措湖畔時，皇帝降旨兩位押送的二位欽差說：「你們將這位教主大駕迎來，準備如何安排？在何處駐錫？如何供養？實在是無用之輩！」斥責極嚴。聖旨一到，眾人都感到恐慌，因有送命之擔憂而

無萬全之良策。最後，只得懇求倉央嘉措，說：「為今之計只有請尊駕假裝仙逝，或偽裝逃走不見蹤跡才行，否則我等的性命難保。」倉央嘉措一開始有些氣憤，心想：「你們想如何就如何？」便對兩位欽差說道：「你們當初與拉藏汗是如何商量和策劃的？照目前的情況，我一定要面見聖上，問一問是怎麼回事，否則決不回返！」此言一出，更令那些人惶恐不安，甚至萌發謀害之心。於是出於悲憫，倉央嘉措又安慰他們說：「其實，從我內心來說，實在沒有想坑害你們，或有什麼貪求個人私利的心理，更不想讓你們送了性命。不如這樣吧，我一走了之，這樣你們回去也好交待。」如此說後，他們都歡喜起來。

後來，倉央嘉措安慰一番身邊的侍者後，便獨自朝著東南方向一直走去。

是生是死說法各異

1706 年（清康熙四十五年）11 月 11 日，在西北的青海湖畔，二十四歲（另說二十五歲）的倉央嘉措在此不知所終，留給後世長達三百餘年的歷史謎團。

自從青海失蹤之後，歷來為僧俗兩界之所掛念的是：倉央嘉措究竟去哪裡了呢？三百年來，有種種說法與猜測，總結不外乎以下四種。

早逝

據《聖祖實錄》記載，1706 年 11 月，倉央嘉措在押解到北京的途中，病逝於青海湖畔，遺體運至塔爾寺焚化。即「康熙四十五年十二月庚戌，理藩院題：駐紮西寧喇嘛商南多爾濟報稱，拉藏送來假達賴喇嘛，行至西寧口外病故。假達賴喇嘛行事悖亂，今既在途病故，應行文商南多爾濟將其屍骸拋棄。從之。[1]」

但這一說法令人生疑的地方較多，如奏章此事不是負責押解的欽差大臣——護軍統領席柱、學士舒蘭，而是西寧的喇嘛商南多爾濟（此人係青海和碩特蒙古人，曾做過五世達賴的代表，是拉藏汗的政敵），而且僅僅是商南多爾濟一面之詞，且無物證，尤其是沒有在場的二位由康熙特派的欽差大臣相關奏章做旁證，所以可信度不高。

再者，如果西藏最尊最貴的達賴喇嘛要舉行遺體火化，那將是佛教界頭等大事，知道的人也必多，傳播也一定極廣，但《塔爾寺方志》中卻沒有絲毫記載！《湟中縣誌》也未記載，究竟是什麼緣故就不得而知。但是，清朝正史多採信上說，且延續至今，一直佔據著史學主流之位。

註 1 《聖祖實錄》二二七卷。

持此說者，又如：「（清康熙）四十四年桑結以拉藏汗終為己害，謀毒之，未遂，欲以其逐之。拉藏汗集眾討誅桑結。詔封為翊法恭順拉藏汗。因奏廢桑結所立達賴，詔送京師。行至青海道死，依其俗，行事悖亂者拋棄屍骸。卒年二十五。時康熙四十六年。[2]」

「（倉央嘉措）年至二十有五，敕入覲。於康熙四十六年行至青海工噶洛地方圓寂。[3]」

又如：「拉藏汗乃取得皇帝之同意，決以武力廢新達賴而置之死地。即以皇帝詔，使倉央嘉措往北京。而以蒙古衛兵及一心腹大臣伴行。路過哲蚌寺前，寺中喇嘛出衛兵之不意，將倉央嘉措劫去。衛兵遂與寺中喇嘛開戰，攻破哲蚌寺複將倉央嘉措奪回，帶往納革弱喀。康熙四十五年（1706）倉央嘉措二十五歲，在納革弱喀被殺。而依照漢文的記載則說他到納革弱喀與青海之間患水腫病而死。[4]」等。

軟禁五臺山

這個說法主要依據《十三世達賴喇嘛傳》中的記載，是說清政府將「六世達賴」軟禁在五臺山，倉央嘉措只好在五臺山的觀音洞潛心修行，後圓寂於此。但此說是孤證，而且交待不明，很可能是

註2　《清史稿・列傳・藩部（八）・西藏》。
註3　《蒙藏佛教史》第四篇第三章第七節，釋妙舟著。
註4　《第六代達賴喇嘛倉央嘉措情歌》，于道泉著，西藏人民出版社，1982年6月。

指拉藏汗所立的「第六世達賴喇嘛」益西嘉措，故世人對此說多持存疑態度。

厭世自溺

這是來自青海湖畔的藏族民間傳說。說倉央嘉措走到此地，因過度厭離世間而沉湖自溺身亡。所以，每年的這一天，當地的藏族同胞還會向湖中拋食物祭奠，三百餘年延習不變。這只是當地的民俗，外界對此並無任何記載，或許是當地民眾為了紀念倉央嘉措而舉行的宗教儀禮。

駐錫阿拉善旗

根據當代的研究成果，以及相關史料和考古文物證明：倉央嘉措在青海湖脫身之後，以遊方僧的身分雲遊印度、尼泊爾、康、藏、甘、青、蒙古等地十年，最後駐錫於內蒙古阿拉善旗，被多羅郡王阿寶與丹顏公主奉為上師，佈教二十餘年，其首席弟子阿旺多爾濟遵其遺囑創建規模恢弘的廣宗寺（南寺）。

1746 年，倉央嘉措圓寂於阿拉善旗騰格裡沙漠門吉林寺（承慶寺），時年六十四歲。此後，倉央嘉措轉世成為活佛，清廷冊封其為「達格布呼圖克圖」；清道光年間被理藩院敕封為「大呼圖克圖」。各代轉世大都被達賴、班禪授予「伊拉古克桑班迪貢卓諾門汗」；同時，轉世的靈童被廣宗寺尊為「一世格根」——此說在阿拉善左

旗的蒙古民眾是堅信不移的。到 1944 年時，格根轉世已至第五世，此人名貢薩勒永恰布，於 1958 年離開廣宗寺後，去向不明。

　　對於倉央嘉措後半生，記載詳細的是《倉央嘉措秘傳》（藏文全名是《一切知語自在法稱祥妙本生記殊異聖行妙音天界琵琶音》（作者按：正確譯名應為《倉央嘉措傳》），該書作者即是倉央嘉措的首席弟子額爾德尼諾門罕阿旺多爾濟（又名倫珠達爾吉），他是阿拉善旗的蒙古人，據稱為第巴桑結嘉措的「轉世」。此書成於 1757 年，以第一人稱記敘倉央嘉措親口的講述。書中說，倉央嘉措在去北京途中行至更尕瑙爾（青海湖），施展神通法術，於夜間向東南方向遁走。足跡遍至打箭爐、峨眉山，又回到西藏的拉薩、山南。之後，還去了尼泊爾、印度，再返回西藏、西寧，最後在內蒙古的阿拉善旗弘法三十年，圓寂於此地。

　　又如《西藏民族政教史》中說：「次因藏王佛海與蒙古拉桑王不睦，佛海遇害。康熙命欽使到藏調解辦理，拉桑複以種種雜言謗毀，欽便無可如何，乃迎大師晉京請旨。行至青海地界時，皇上降旨責欽使辦理不善，欽使進退維艱之時，大師乃捨棄名位，決然遁去。周遊印度、尼泊爾、康、藏、甘、青、蒙古等處。宏法利生，事業無邊。爾時欽差只好呈報圓寂，一場公案，乃告結束。[5]」

註 5　《西藏民族政教史》卷六第六節，法尊法師著。

而另有史料記載：「行抵袞噶瑙後，六世達賴於風雪夜中倏然遁去。先往青海，復返西藏，最後來到阿拉善旗班孜爾紮布台吉家，時為康熙五十五年（1716 年）。六世達賴倉央嘉措三十四歲以後收班孜爾紮布台吉的兒子阿旺多爾濟為徒，並在當地弘揚佛法。於清乾隆十一年（1746 年），六十四歲時坐化。阿拉善旗有八大寺廟，據說其中著名的廣宗寺（建成於 1757 年，位於賀蘭山中）即阿旺多爾濟遵六世達賴的遺願所建。內有六世達賴的遺體，供於廟中七寶裝成的切爾拉（塔式金龕）內。遵倉央嘉措為該寺的第一代格根（即上師），名『德頂格根』。阿旺多爾濟任第一代『喇嘛坦』。另傳甘肅中衛的一個漢人，因敬奉六世而得子，便替他修了一座廟，廟名朝克圖庫勒（藏語名班第紮木吉陵），即八大寺的昭化寺，六世達賴坐化後，遺體也曾浮厝於此廟。[6]」由此可見，倉央嘉措後半生在阿拉善旗是可信的。

《倉央嘉措傳》一書的漢文譯者莊晶先生認為：「他在袞噶瑙出走後，最後歸宿於阿拉善旗的可能系性極大。」他還介紹：「賈敬顏先生曾在阿拉善旗考察，『文革』前廣宗寺還保存著六世達賴的肉身塔。50 年代，寺內主持還出示過六世達賴的遺物，其中有女人的青絲等。[7]」

註6　《內蒙古自治區巴彥爾盟阿拉善旗情況》，全國人民代表大會民族委員會編，
　　　1957 年 5 月。
註7　《內蒙古自治區巴彥爾盟阿拉善旗情況》，全國人民代表大會民族委員會編，
　　　1957 年 5 月。

據信理考證：「倉央嘉措的肉身靈塔，260 年以來一直安放在阿拉善廣宗寺。1956 年中央民族學院歷史系教授賈敬顏到阿拉善盟進行社會調查時，寺僧曾出示過倉央嘉措的遺物……。他（倉央嘉措）的首座弟子阿旺多爾濟（廣宗寺另一位大呼圖克圖——迭斯德爾一世活佛，今已傳至第六世，現執教於內蒙古大學，為博士生導師、教授，是我國著名的蒙古語言學者、內蒙古自治區佛協主席、全國政協委員）在倉央嘉措圓寂後，曾在乾隆年間（大約 1756 年）撰寫了一部《倉央嘉措傳》，不久即被第二代郡王——羅布藏道爾吉王爺關進大牢迫害致死，並將其頭顱埋在定遠營（今內蒙阿拉善左旗巴顏浩特）南門城門石坎下。舊時廣宗寺僧人進城門時，必定要躬腰繞行而過。三等爵位的王爺敢砍大活佛的頭，清朝 267 年歷史上，僅此一例。必定有特別重大的隱情，而不是簡簡單單的爭權奪利……而且倉央嘉措當年的主要活動範圍：青海西寧、平安驛、互助、碾伯（今樂都縣）、甘肅天祝（石門寺）、莊浪、涼州（今武威）等許多地方的鄉間、寺院，這些地方至今仍流傳著關於六世達賴的許多傳說。2003 年夏，筆者在青海夏瓊寺、佑寧寺等地，再次親身感受到倉央嘉措在民間傳說中長久不衰的影響力。」而且，由六世達賴倉央嘉措及其弟子阿旺多爾濟衍生出的兩支「活佛轉世」體系，「已延續二百五十多年，廟宇、紮倉、靈塔、典籍、法器、遺物、傳記，一應俱全。[8]」

註 8　見阿拉善廣宗寺網《關於倉央嘉措結局四種說法的辨析》一文，信理著，2005 年 11 月 26 日。

以上說法，以第四種「駐錫阿拉善旗」最為有力，因史料、人證、物證、實證，以及大量的民間傳說等等都比較詳實可信。再配以幾種《倉央嘉措傳記》的版本，可以斷言：由倉央嘉措的首要心子──阿旺多爾濟於乾隆年間（大約 1756 年）撰寫的《倉央嘉措傳》，內容應是真實可靠。

᎒ 第九章 ᎒

大風吹！
吹起十年奇蹟旅程

遊歷青海、康巴

　　十八世紀初，在西藏上層統治者中發生一場爭奪政權的鬥爭。第巴桑結嘉措和拉藏汗之間發生蒙、藏統治集團的鬥爭，最終反映到倉央嘉措的身上，從而使他被迫離開拉薩。1705 年，倉央嘉措離開拉薩後，開始了他一生的傳奇生活。倉央嘉措從拉薩被解送北京，途經青海湖畔時，趁著大風迷路之際，獨自一人到了牛頭山。牛頭山是佛教聖地之一，在藏傳佛教大藏經《甘珠爾》中提到釋迦牟尼佛曾經來過此山。倉央嘉措從牛頭山返回青海後進了西藏，又從西藏到尼泊爾、印度等地，前後遊歷達十年之久。十年後返回西藏，駐錫內蒙古阿拉善旗──這其中的過程如何呢？容筆者娓娓道來！

　　他先跟隨商隊到了阿日紮（座落於海拔 5000 餘米高的西藏山區中，現隸屬四川省甘孜州石渠縣的一個遊牧草原），在潘達迦老人家中住了兩個多月。當他要走的時候，所有的人都因不捨而十分

難過。潘達迦老人和他的兒子為他送行很遠一段路，差不多有一天的路程才回家；而倉央嘉措為他們祈福之後，就踏上了新的旅程。

繼續前行，到了拉秀部落一個名叫拉崗（大約在今青海省果洛藏族自治洲境內）的地方，在這裡他與一個人結伴同行；之後，倉央嘉措詢問過去羌地（藏族歷史上對南詔的稱謂，也有指現今雲南迪慶藏族自治州維西至麗江一帶的地方）的路線，但最終沒有去成，而是半途改向嘉絨（指現今四川瑪律康縣。一說是指四川的大、小金川，今四川阿壩藏族自治州一帶）的方向走去。

後來，到了一個地方，那裡有一座名叫噶甲的禪院。這座寺院隸屬貝若雜納大譯師的派系，附近有一個貝若雜納大師住過的岩洞，十分雅致，倉央嘉措便在那裡住了幾個月。在這段時間裡，倉央嘉措修行功力得到很大的進步，並多次出現過各種奇異的瑞兆。此外，仰仗三寶及上師恩德加持，山上山下來布施飲食的人也從沒有斷過。

此後，倉央嘉措又朝著察瓦絨（指西藏東南部，即怒江與雅魯藏布江之間的低窪濕熱地區）方向走去。1708 年 7 月，到了一處名叫道爾格的荒涼偏僻地方；在那裡，他吃了野果中毒，疼得死去活來，幾天幾夜才漸漸好轉。之後，倉央嘉措經念青唐古喇山到嘉絨區的達昌寺（達昌寺是宗喀巴大師的重要弟子察柯溫波 · 阿旺紮

巴在昌哇的邊隅修建），在那裡住了十來天。此後，又經過薩噶（阿裡三圍地區的一個縣名，薩噶縣屬日喀則專區所轄），直奔打箭爐（即今康定，舊稱打箭爐，位於川西貢嘎山北端跑馬山麓，是甘孜藏族自治州首府，也是一座歷史悠久的高原古城）而去。

遊歷四川、甘肅

在康定，倉央嘉措遇到一位名叫班巴娃的香客，在談話時瞭解到四川峨眉山的殊勝後，倉央嘉措表示「很想去朝禮峨眉山，但苦於不識路又不懂漢語」之意，這位香客很樂意地自願充當他的嚮導。

峨眉山是我國佛教四大名山之一，在四川峨眉縣西南，相傳為普賢菩薩應化的道場。因山勢逶迤，如蠶首峨眉，細而長，美而豔，故名峨眉山。據《峨眉山志》記載，峨眉山的佛寺，以魏晉時的僧肇所建黑水寺為最早。晉代建普賢寺，當為寺院供奉普賢菩薩聖像之始。唐僖宗時，敕建永明華藏寺，重建中峰、中心、華嚴、萬年、黑水、靈岩六大寺，後黑水寺被稱為峨眉祖堂。西元 980 年（北宋太平興國五年），白水寺僧人茂真奉敕重建六大寺，並鑄造普賢菩薩銅像一尊，重六十二噸，供奉於白水寺（即今萬年寺）。

峨眉山原有大小寺院百餘處，幾經興廢，現存較重要的寺院有：

一、萬年寺：峨眉山最大寺廟，創建於晉代，名普賢寺。唐代改為白水寺；明代改為聖壽萬年寺。原有七殿，後毀於火。1600年（明萬曆二十八年）修建成磚殿，清代又加修建，分新、磚、毗盧三殿；1946年發生大火，除磚殿外，幾毀壞殆盡。現有殿宇兩座，係1953年重建，磚殿正中安置普賢菩薩銅像。

二、報國寺：明代初建，清代重修，為山麓最大的寺院，主要殿宇有彌勒殿、大雄殿、七佛殿、藏經樓等。

三、伏虎寺：以山形如虎蹲伏，故名。建於明代，清代重修，為入山第一大寺。

四、善覺寺：原名降龍寺，建於明代，清代重修。

五、清音閣：唐代名中心寺，閣下有接王亭，傳為康熙時山僧迎接御前侍衛奉命攜帶禦物之處。

六、光相寺：在高峰金頂，相傳建於東漢，原名普光殿，歷代興廢不一。正殿永明華藏寺，1886年（清光緒十二年）重修。後殿最高處原有明萬曆三十一年（1603）所造銅鑄佛殿一座，廣一丈四尺五寸，深一丈三尺五寸，高二丈五尺，中安置普賢大士銅像，四壁鑄出萬佛，後銅殿與華藏寺均焚於火。在銅殿遺址附近留有兩座

銅塔，因峰頂原有銅殿在陽光下發出光芒，故名「金頂」，傳說在夜間可睹佛光及聖燈等奇蹟，為佛教徒朝拜峨眉最後之目的地。

除了上述寺院之外，尚有洪棒坪、仙峰寺、洗象池等多處寺院。

話說，倉央嘉措跟隨那位名叫班巴娃的香客同行，經打箭爐一路向峨眉山走去，十天之後才來到峨眉縣城（現改為峨眉山市），在那裡有一座漢族出家人住持的寺院，當晚他們借宿了一晚。當天夜間，班巴娃忽然失蹤不見人影，第二天到處找也沒找著，倉央嘉措只好一人直奔峨眉山而去。到了峨眉山，倉央嘉措與一位漢僧作伴，朝朝禮了所有的殿堂與聖跡，前後共用了十天時間。

離開峨眉山後，倉央嘉措又重新上路，獨自一人向西藏的方向進發，漸漸地走到了理塘寺（即今甘孜自治州理塘縣之理塘寺，位於理塘縣城城北的中莫拉卡山的山坡上，又名長青科爾寺。理塘寺是十六世紀時，格魯派發展到了康區時康南建立的第一座寺院，相傳該寺為三世達賴於 1580 年得西康土司的資助而親自主持修建的）。

此後，經理塘到了巴塘（四川甘孜藏族自治州巴塘縣），然後從巴塘走到噶瑪如（在今四川甘孜藏族自治州西北部，一說為木邪地區的貢噶山附近）。之後，來到拉薩以東的嘎采寺（寺院在今拉

薩以東、墨竹工卡縣的秀絨河與馬曲河匯合處的馬曲河東岸，相傳該寺是當年文成公主為鎮壓女魔而修建的）。後來，又到了拉薩，朝禮沙拉寺及哲蚌寺，在沙拉山上的岩洞住了一個多月。

　　隨後又到紮索寺閉關一年多。出關之後，倉央嘉措帶著侍者格隆俄珠前往山南，朝禮桑耶寺（西藏最早創建之密教寺院，又稱桑鳶寺，是西藏第一座具足佛法僧三寶的寺院，位於西藏紮囊雅魯藏布江北岸，拉薩東南方三十里外——今山南地區紮朗縣境內）、昌珠寺（位於拉薩市東南乃東縣雅隆河東岸——今山南地區乃東縣昌珠區，隔岸與贊塘寺遙相對峙）、沃卡真起寺（即桑日縣東的一座寺院，該寺原是十世紀時噶當派所修古廟，頹廢後為宗喀巴修復，據說修復沃卡真起寺是宗巴大師一生四大業績之一，因該寺佛殿中有一尊噶爾米·雲丹雍仲建造的彌勒銅像，約一人多高，以「極具加持力」而聞名）、墨竹（指墨竹拉隆寺）等地。

　　1710 年，倉央嘉措朝拜了貢布日山；幾個月之後，又朝禮了拉薩北郊三公里的沙拉山，山上有宗喀巴大師住過的禪洞，於是他在那裡修行了十一個月。此後，經沃代貢結雪山前往桑旦林（即今桑日縣）；之後，又前往工布地區（在拉薩東南，今西藏林芝專區所屬的林芝縣和米林縣，習慣稱為工布地區）。接著，倉央嘉措來到他的家鄉——門隅，也就是與今天墨脫縣相鄰的錯那縣門達旺。

遊歷印度、尼泊爾

倉央嘉措有前去見見家人，我們不得而知，只知道他離開家鄉
門隅之後，便與侍者羅嘉前往印度朝聖。他們先到尼泊爾的甘達堡，
朝禮該國聖地的恰絨卡色寶塔；之後，隨著尼泊爾國王、國後等人
前往印度。到了印度之後，一直向南走，於 1713 年 4 月到達佛教
聖地——靈鷲山。

靈鷲山，又名耆闍崛山。靈鷲，梵語 Grdhra-kuta，巴利語
Gijjha-kuta，藏語 Bya-rgod-phunpohiri，音譯耆闍崛，位於中印度摩
揭陀國王舍城東北，簡稱「靈山」，或稱「鷲峰」；山形似鷲頭，
又以山中多鷲，故名。據說，這裡是佛陀釋迦牟尼宣講《法華》等
大乘經所在地，遂成佛教聖地。

英國考古學家康林罕（A・Cunningham）據《大唐西域記》與
《高僧法顯傳》之記載，推定其位置即今印度貝哈爾州（Behar）拉
查基爾（Rajgir）東南的塞拉吉裡（Saila-giri）。另，據近時的考查，
則說新、舊王舍城之間有一向東綿延之山峽，山峽之北聳立一海拔
千尺之秀峰，其南面之中腹部大約 224 公尺處有一岩台，稱為查塔
吉裡（Chata-giri），其處就是佛陀多次演說妙法之耆闍崛山——靈
鷲山。

到了寶山——靈鷲山后，倉央嘉措卻沒有上去，因為在他看來，那靈鷲寶山並不是一般的土石所構成的，而全是由蘭紮（貝多羅葉）經卷堆起來的；半山腰間的佛陀寶座，原本也想上去朝禮，但又恐踐踏了「經卷」，所以沒有攀登。那些朝聖的人們，在他看起來卻是肆無忌憚地腳踏「經卷」，直奔寶座而去，在那裡叩禮致敬。倉央嘉措獨自一人守在山腳下，默默思維佛陀所開示的教義和殊勝無比的功德，內心無限歡喜、悲歡萬千，而且十分激動，當下還唱了一首道歌以抒發內心的情感。

此後，倉央嘉措獨自一人來到了卜拉哈爾寺。在那裡，他供養了幾兩黃金做了一次齋茶普供，又用了六個月的時間修持和體證了「上樂鈴五尊法」，並獲得各種殊勝的證悟。之後，倉央嘉措遇到了佛陀在世時就出現過的伊羅波那象王——據說是世尊福德所召感的七寶之一，倍感稀有。

再後來，倉央嘉措踏上返回西藏的路線。幾個月之後，倉央嘉措又碰到侍者羅嘉（作者按：之前，羅嘉隨其他幾個認識的人去別處朝拜），還有幾個西藏來朝聖的僧人，與他們結伴而行，來到尼泊爾。在尼泊爾，倉央嘉措又閉關靜修了幾個月。

1714年，倉央嘉措經聶拉木（日喀則地區聶拉木縣）、定日（後藏阿裡地區的定日縣）等地，又橫穿他的出生地——門隅，最後經過工布地區，到達塔布寺（三世達賴時所修的寺廟，以持戒嚴謹而

著稱，在山南朗縣。朗縣，即今甘肅省天祝縣，塔布寺即今祝縣城西十一公里的石門河峽口內側石門鄉的石門寺）。據說，倉央嘉措在該寺居住了一年之久，因時間長久之故，當時人們都以「塔布夏仲」稱呼他；直到現在，人們還因這個緣故而稱他為「塔布夏仲」或「塔布上師」。

後來，逐漸走到曲科傑（西藏山南的曲科傑縣），並朝拜瑪旁雍錯聖湖（位於岡仁波齊峰東南 20 公里處，納木那尼雪峰北側，海拔 4588 米，是西藏三大聖湖之一）。據說，倉央嘉措在聖湖中看到了他將來駐錫內蒙古阿拉善的情景。

朝禮「聖湖」瑪旁雍錯

《倉央嘉措傳》中述及，倉央嘉措曾對弟子阿旺多爾濟的父親說：「先前，當我在本土朝拜梅朵塘的拉姆拉措聖湖時，瑪索麻神在湖中清清楚楚地顯示出漢、藏、蒙古等一切地方，顯示出你們阿拉善的山川、地貌以及居家、人口數目等情形；就連你這小兒子在他母親懷中，也顯現得一清二楚……[1]」可見聖湖拉姆拉措（即瑪旁雍錯）的重要性，因此我們來瞭解一下聖湖。

註 1　詳情見《倉央嘉措傳》，清 · 阿旺多爾濟著，莊晶、于道泉等譯。

瑪旁雍錯湖是世界上多個宗教（如佛教、印度教、耆那教和苯教等）認定的聖湖，也是亞洲乃至全球最負盛名的湖泊之一。在古代經書中，它甚至有「聖湖之王」的美譽。瑪旁雍錯湖位於阿裡地區境內，坐落在岡底斯山脈的主峰——有「神山」之譽的岡仁波齊峰東南約 20 公里處，海拔 4588 米，是世界上海拔最高的淡水湖，面積 412 平方公里，與羊卓雍錯、納木錯並稱為「西藏三大聖湖」。

　　「錯」在藏語裡就是「湖」的意思。瑪旁雍錯，藏語意為「永恆不敗的碧玉湖」。據說，這是得名於十一世紀在此湖畔進行的一場宗教鬥法，結果以藏傳佛教噶舉派大勝苯教，之後便將已沿用很久的「瑪垂錯」改名為「瑪旁雍錯」。沿湖而建的佛寺不少，現存有八座寺院。

　　瑪旁雍錯湖還是四水之源：東面是馬泉河，北面是獅泉河，西面是象泉河，南面是孔雀河；而這四條河，分別又是南亞著名的恒河、印度河、薩特累季河和雅魯藏布江的源頭，因此佛經中甚至稱之為「世界江河之母」。

　　在其他宗教典籍或傳說中，也曾記載和描述過瑪旁雍錯。如在印度的神話中，瑪旁雍錯是印度教三大主神之——濕婆（Siva）用意念形成的，因而此湖是濕婆和他的妻子——喜瑪拉雅山的女兒烏瑪女神沐浴的地方，所以湖水便成了聖水。

印度人對瑪旁雍湖的敬仰，還因為印度近代著名領袖「聖雄」甘地的骨灰曾撒入瑪旁雍湖。所以，每年的夏季，印度、尼泊爾和西藏的香客紛紛到此朝聖沐浴，以求福報與加持，他們還將聖湖的水千里迢迢帶回家去，當作珍貴的禮品饋贈給親友。

　　在佛教傳說中，瑪旁雍錯的湖水是來自神山的融雪，因此是聖水。用它來洗浴，就能清除人們心靈上的「五毒」（貪、嗔、癡、慢、疑）和清除肌膚上的污穢；飲用湖水，還可祛除百病、強身健體；如能繞湖轉經，可得無量功德。聖湖有四大浴門：東為蓮花浴門，南為香甜浴門，西為去污浴門，北為信仰浴門；楚古寺周圍便被尊為聖潔的浴場。因此，歷來的朝聖者都以到過此湖轉經、洗浴為人生最大幸事。

　　來這裡朝聖的人，只要繞湖能撿到湖中的小魚、小石頭或一根飛鳥的羽毛，可視為得到龍王的賞賜，因此早期的苯教徒稱它為「瑪垂錯」。十一世紀，藏傳佛教「噶舉派」和苯教展開了激烈的爭鬥，並曾在湖邊鬥法，最後以佛教勝利而告終，故更名為「瑪旁雍錯」，藏語的意思就是「永恆不敗之湖」或「永恆不敗的碧玉湖」，以此來紀念「鬥法」的勝利。

　　另，又有史料稱：兩千多年前，印度的傑出詩人迦梨陀娑，很可能就到過瑪旁雍錯湖，並在他著名的長篇抒情詩──《雲使》裡，

用飽含熱情的筆觸，描繪了瑪旁雍錯湖畔的山川景色，以及蟲魚、鳥獸等都描寫得栩栩如生。

　　1715 年，倉央嘉措與羅嘉一起回到了拉薩後，便住在嘎采寺，在那裡深居簡出，秘密地住了好幾個月。後來，他們又朝禮了沙拉寺及哲蚌寺。

　　哲蚌寺（藏 Hbras-spuns）與甘丹寺、沙拉寺合稱拉薩三大寺，全名「吉祥米聚十方尊勝洲」，位於位薩西郊 5 公里更丕烏孜山下，為格魯派最大的寺院。1416 年，由宗喀巴弟子絳央卻傑主持修建，後來發展為格魯派實力最雄厚的寺院，該寺是歷世達賴喇嘛的母寺。由於歷世達賴喇嘛皆以哲蚌寺為母寺，因此該寺在格魯派寺院中地位最高。哲蚌寺西南角的甘丹頗章曾被作為格魯派政教合一地方政權的代稱。

　　此後，倉央嘉措來到了沙拉山上的岩洞裡。當時，傑・噶林嘉措大師（作者按：當時知名的高僧大德，出身於阿裡王裔）察知後，獨自來到倉央嘉措坐禪的山洞裡與他會面。倉央嘉措曾感歎說：「住在聖師祖宗喀巴大師曾居住過的地方，又能和一位大師共修妙法，確實是善緣不淺。[2]」在那裡倉央嘉措與傑・噶林嘉措大師一

註 2 詳情見《倉央嘉措傳》，清・阿旺多爾濟著，莊晶、于道泉等譯。

起修學密法達一個多月。此外，倉央嘉措還向傑・噶林嘉措大師請教過許多甚深的妙法，又遵照大師的要求為他講授《文殊經教道次論》。

1710 年（清康熙四十九年），倉央嘉措又朝拜貢布日山。他讓侍者格隆俄珠回原來寺院紮索寺，獨自一人留在貢布日的吉甲禪院潛修。此後，倉央嘉措摒息萬緣，杜絕人間煙火，只穿一件布衫而勤奮苦修，後得「臍輪真火發動」的覺受，不懂的地方就往上師前求教。

遊歷青海省安多

此後，倉央嘉措在拉薩的木鹿寺（該寺位於西藏拉薩大昭寺之北，小昭寺之東；寺院宏敞壯麗，樓高四層，經殿佛像極為嚴整，是一座以習經、印經出名的寺院）住過。1716 年，倉央嘉措與木鹿寺的十五個僧人以及羅嘉共十七人，從拉薩秘密起程後前往青海，於當年的秋季到達，住了約一個月。

1718 年，倉央嘉措獨自前往賽科（今青海大通回族土族自治縣），住賽科寺。賽科寺，又稱郭莽寺、廣惠寺、法海寺，寺址在今大通回族土族自治縣東峽鄉衙門莊村。1650 年，贊布・端珠嘉措創建並任寺主。贊布・端珠嘉措於 1666 年去世後，由諾門汗敏珠爾主持寺務──自此，歷世敏珠爾成為該寺寺主。1724 年，在「羅

卜藏丹津事件」中寺院被焚毀；1729 年在清王朝的資助下，「敏珠爾二世」羅桑丹增嘉措主持修復，雍正帝胤禎賜名「廣惠寺」。

賽科寺系格魯派寺院，寺院曾出著名活佛有敏珠爾諾門罕和夏裡瓦呼圖克圖。建有顯宗、密宗、醫宗、時輪四大學院和大經堂、佛殿，以及僧舍、靜房和護法殿等。該寺珍藏有明永樂八年（1410）二月初一永樂皇帝所賜「灌頂圓修淨慧大國師孛隆迪瓦桑爾加領真」的聖旨一軸；清乾隆皇帝賜的「法海寺」匾額一塊；九世班禪書寫的藏文掛軸三幅；以及清朝賜給敏珠爾活佛的「淨明禪師之印」等文物。

第十章

在阿拉善三十年
的甚深因緣

至內蒙古弘法利生

之後，倉央嘉措率領所有隨從，從西寧直接來到了阿拉善。

在此，我們首先瞭解阿拉善。「阿拉善」一詞最早的記載於《蒙古秘史》，因成吉思汗率兵西征唐古特時，西夏國有「阿剌篩營之地」，新譯簡注《蒙古秘史》的「阿剌篩」原文旁注解為賀蘭山，而明代的注釋與此相同。

據《聖武記》記載：「賀蘭山厄魯特者，俗稱阿拉山，阿拉山即賀蘭山，又名阿拉善山，是語音之轉，地在河套以西。」河套之西是賀蘭山陰地，當地人稱為阿拉善；蒙語「哈剌沙兒」為「賀蘭山」之對音。因此，蒙語「阿拉善」是漢語賀蘭山音轉而來。

阿拉善盟，地處內蒙古自治區最西端，最早叫「阿拉善和碩特旗」。1980 年 4 月，阿拉善盟正式成立，轄阿拉善左旗、阿拉善右旗和額濟納旗，盟府駐地為巴彥浩特鎮。阿拉善和碩特部本為衛拉特（厄魯特）四部之一。清初，該部族在其首領拜巴噶斯之子鄂齊爾圖車臣汗以及阿巴賴率領下的準噶爾部共同遊牧於天山北路，分佈在齋桑湖到巴爾喀什湖之間的廣大地區。

　　1671 年，噶爾丹奪取準噶爾部的統治權後，大肆向四周擴張。1677 年，鄂齊爾圖車臣汗之妻多爾濟喇布坦，率領部分民眾遷往伏爾加河的土爾扈特汗廷，而鄂齊爾圖車臣汗及楚琥爾烏巴什（噶爾丹之叔）的眾部，先後離開天山北路，經青海大草灘遷至河套以西地區。1677 年 12 月，甘肅提督張勇先後向清廷奏報說：「厄魯特濟農等為噶爾丹所敗，逃至沿邊……甘、涼近南山一帶，有西海墨爾根阿喇奈多爾濟台吉等盧帳數千餘；肅州境內，遊牧番人頭目，有濟農布第巴圖爾、厄爾德尼和碩齊等盧帳萬餘，皆為噶爾丹所敗，自西套奔來。[1]」張勇奏報中所說的「厄魯特濟農」，就是和碩特部首領和羅理；墨爾根、濟農布第巴圖爾二人都是和羅理的弟弟；奏報中提到的厄爾德尼和碩齊，則是準噶爾部楚琥爾烏巴什之子罕都台吉的陪臣，後逃往西套，投靠和碩特部的首領和羅理。

註 1　見《阿拉善和碩特史話》一文，來源：阿拉善新聞網。

1682 年，被噶爾丹擊敗的鄂齊爾圖車臣汗之孫羅布藏袞布阿喇布坦，起初逃到西藏，以達賴喇嘛名義向清朝「表請賜居龍頭山，轄西套遺眾」。清朝准其所請，將他們安置在今阿拉善右旗南部一帶；羅布藏袞布阿喇布坦死後，清政府命和羅理暫統他的部落。

1688 年，遷入西套的主要是以羅卜藏額琳臣台吉為首的準噶爾部人。羅卜藏額琳臣是楚琥爾烏巴什的第五子，曾被噶爾丹軟禁；他趁噶爾丹進攻喀爾喀蒙古之機，攜子弟、台吉十餘人、弓箭手五百餘人，計一千餘口，逃至西套請求歸附，清政府令他與罕都台吉等人暫時一同居住在西套地區。

1689 年，羅卜藏袞布阿喇布坦死後，因無子嗣，清政府就讓他的從弟噶爾擅多爾濟繼承他的領導地位。於是，噶爾擅多爾濟才攜眾進入阿拉善境，統轄其他部眾。

以上就是阿拉善旗一共四批、五支遷來西套的部族，也是西套「厄魯特蒙古」的由來，是阿拉善建旗後的主要居民。

第巴桑結嘉措的轉世靈童

倉央嘉措從青海湖畔獨自一人走後，遊歷印度、西藏、四川等地十年，才於 1716 年來到阿拉善地區。他在一位名叫班孜爾棨布的台吉（寺院中的高職人員，相當於貴族）家中做客，當時這家人

有一個兒子剛滿兩歲，逢人就又哭又鬧，可見到倉央嘉措後不僅不哭不鬧，而且感覺十分親切，還能乖巧地坐在倉央嘉措的懷中不願離開，顯出似曾相識的樣子。

當時，倉央嘉措也十分高興，對小孩疼愛有加；不料，小孩坐在他懷裡時卻撒了一泡尿，弄得小孩家人十分惶恐。倉央嘉措安慰道：「這是極好的兆端啊！我與此兒有緣！」隨後，倉央嘉措收這個孩子為弟子，起名為「阿旺多爾濟」（又名「倫珠達爾吉」，此人後來成為倉央嘉措在阿拉善的首座弟子，熟悉藏文和蒙文，精通佛經，學問造詣很高，是廣宗寺另一位大呼圖克圖──迭斯德爾一世格根，今已傳至第六世）。由此看來，倉央嘉措到阿拉善地區，按佛教的說法是有其因緣的。

到阿拉善的緣分，在《倉央嘉措傳》中講得就更詳細了──話說有一天晚上，五世達賴做了一個夢，在夢中他見到在布達拉宮門裡面有士兵出現，於是心中略感惶恐，便從布達拉宮後門逃去。當時他是光著頭、赤著足的；在夢中，五世達賴翻過唐古喇山，向著北方漫無目的地走去。當五世達賴醒來之後，便做了明確的授記，說有一天可能真的會發生夢裡那樣的事情。

話說，倉央嘉措在班孜爾紮布家中做客的第二天，便禮請倉央嘉措來到家裡，為他們全家舉行「長壽灌頂」，倉央嘉措很高興做了佛事。正當佛事進行中，倉央嘉措念誦經文「世尊降旨，我俱遵

奉」這兩句話時，阿旺多爾濟的父親班孜爾紮布台吉雙手合十稟求道：「祈求上師務必在此地駐錫，請做我們供養得福的福田吧！」倉央嘉措當時隨口答道：「行，行！」

等法事結束，用茶的時候，阿旺多爾濟的父親又求道：「尊敬的上師，萬望您按剛才答應的，而常住在這裡！」倉央嘉措問他：「剛才我說什麼了？」班孜爾紮布台吉回答道：「剛才我請求開許的時候，懇請上師駐錫此地，當時已蒙上師您親口答應了，所以懇請慈悲此地的眾生而留下來吧！」

倉央嘉措答道：「哦，剛才我是心不在焉地回答了你，如果無意間答應了你，那麼一言既出，自當義無反顧。有朝一日，我會在這裡住下來，到時會在你家落腳。我本來有個心願要遍訪五台、京師、珞伽山（普陀山）等地，然後還打算去北方的香巴拉（西藏傳說中的聖地、佛國淨土）。先前，當我在本土朝拜梅朵塘的拉姆拉措聖湖（即瑪旁雍錯聖湖）時，瑪索麻神在湖中清清楚楚地顯示出漢、藏、蒙古等一切地方，顯示出你們阿拉善的山川、地貌以及居家、人口數目等情形；就連你這小兒子在他母親懷中，也顯現得一清二楚，這孩子也是個有福分的。不過，我現今所說的一切，暫時不要宣揚出去，尤其要緊的是：對誰也不要說起有我這麼一位從西藏來的塔布夏仲……。[2]」

註2 詳情見《倉央嘉措傳》，清・阿旺多爾濟著，莊晶、于道泉等譯。

而在《問道語錄》中，也說他從「蕃地的北方向北方，為拯救無依怙的蒼生走一趟。」此中蕃地，自然就是指西藏十三萬戶。而第一個北方是指多麥（即安多）地區；第二個北方是指蒙古巴彥淖爾盟（現已改為阿拉善盟）的阿拉善旗地區。

在阿拉善的得意門徒：阿旺多爾濟

自1706年（清康熙四十五年），倉央嘉措在解送北京途中遁去之後，他的後半生遂成懸案。關於他的後半生有種種說法，三百年來一直議論紛紛、懸而未定。但證據最古老、最多、最可信者，當推阿旺多爾濟所著的《倉央嘉措傳》一書。阿旺多爾濟是倉央嘉措在阿拉善所收的弟子，後隨其出家。阿旺多爾濟又名倫珠達爾吉，是倉央嘉措的得意門生，《倉央嘉措傳》就是他根據倉央嘉措口述所寫。這本傳記是記載倉央嘉措的生平，以及相關宗教活動的藏文歷史書，在蒙古歷史中佔有很重要的地位。此書成於1757年（清乾隆二十二年）9月，之後即在民間流傳開來。

書中說，倉央嘉措從青海獨自離去，化名為阿旺曲札嘉措，在周遊印度、尼泊爾、康巴、西藏、甘肅、青海、蒙古等地十年後，於1716年（清康熙五十五年）由青海前往阿拉善。曾在阿拉善左旗阿拉善旗廂根達來巴格的匝布蘇爾烏素的台吉班孜爾紮布家作客，後收其子阿旺多爾濟為徒。此後，又結識阿拉善旗第二任旗王阿寶，彼此結成施主關係。

阿旺多爾濟在書中說，在倉央嘉措尚未到阿拉善之前，因當地一位格隆粲西喇嘛預言有一位高僧要前來阿拉善。所以，阿旺多爾濟全家正是聽信這位格隆粲西喇嘛的話，將倉央嘉措當成高僧迎請到家中，並虔誠供奉，敬禮有加，凡茶水飲食等都按他家最好的規矩、儀式備辦。

　　當時，阿旺多爾濟才兩歲，因兩腳無力，還走不了路，只能在地上爬來爬去。倉央嘉措便把他抱在懷中，對他十分慈悲、愛護，並摩著阿旺多爾濟的頭說了許多慈愛的話，而倉央嘉措本人也顯得非常地高興。可是，那天阿旺多爾濟卻在倉央嘉措的懷中撒了一泡尿，他的家人很不好意，但倉央嘉措卻說這是極好的緣起（徵兆）。

　　據說，倉央嘉措來到阿拉善廂根達來巴格匝布蘇爾烏素的台吉班孜爾粲布台吉家作客時，聽到他家孩子的啼哭聲，便認出是第巴桑結嘉措的聲音。後倉央嘉措便收這個孩子為弟子，他就是阿旺多爾濟（又名倫珠達爾吉）。等到阿旺多爾濟長大後，倉央嘉措讓他去西藏深造；三年後學成歸來，最後遵照倉央嘉措的遺囑修建了南寺（廣宗寺），此是後話。

　　阿旺多爾濟約於 1715 年（清康熙五十四年）出生於廂根達賴蘇木台吉的家中，父親名叫班孜爾粲布，是阿拉善第一任旗王和羅理胞弟的後裔，曾擔任旗協理一職。阿旺多爾濟自幼隨倉央嘉措出

家為僧，學習佛法，學業日有所進，以後又赴西藏修習顯、密教法，故而佛學造詣高深。在西藏修業之後返回阿拉善，即被倉央嘉措正式確認為第巴桑結嘉措的轉世靈童。此後，阿旺多爾濟因得罪阿拉善第三任旗王羅卜藏多爾濟，所以下令將他從南寺逮捕，囚入死牢，最後被迫害至死，時1780年。

阿旺多爾濟死後，羅王餘怒未息，遂將其頭顱割下，埋在定遠營城南門之下，所以以前廣宗寺的僧人進出城門時，必要躬腰繞行而過才行，以示對他的尊重。他是南寺另一位格根，尊稱為「迭斯爾德呼圖克圖」，一般被稱為「喇嘛坦」——這一活佛體系也轉生到了第六世。

第六世喇嘛坦（迭斯爾德呼圖克圖），名叫阿旺羅桑丹雙堅參（譯為「自在善慧教法勝利幢」），現取「堅參」二字作名字，並按蒙古式讀法，音譯為「賈拉森」，為現今南寺的寺主。與以往的南寺寺主不同的是，賈拉森不僅精通佛法，而且有著不少現代頭銜，如內蒙古大學蒙古學教授、博士生導師、中國佛教學會常務理事、第十屆全國政協委員等。他還對蒙藏語言學文獻和八思巴文等領域有專門的研究，出版了《蒙古佛教文化》、《東部裕固語和蒙古語》、《阿爾寨石窟回鶻蒙古文榜題研究》、《緣起南寺》等專著。

1988年，他還曾經出國到日本留學，同年策劃修建南寺大經堂。2001年，選擇新位址修建黃樓廟，寺裡按他的意見製作了六世達賴倉央嘉措的鎦金靈塔和佛像、法器等。他親手把師倉央嘉措的骨灰放在了靈塔內，並前往北京請來卻西活佛為南寺的新殿堂開光，還做成了112個裝有近十億嘛呢經和一萬篇《回向王經》的筒時轉經輪，以及釋迦牟尼、宗喀巴法王、文殊師利等身像等。他經歷了南寺由昌盛而走向衰敗直至被毀損的過程，並在南寺的新建與光揚中發揮了很大的作用。

依照師尊倉央嘉措的遺願，阿旺多爾濟在倉央嘉措生前選定的地點，於1756年（清乾隆二十一年）破土建寺；次年建成，取名「潘代嘉措林」（利樂海寺）。1760年（清乾隆二十五年），乾隆皇帝禦賜「廣宗寺」匾額。廣宗寺俗稱南寺，位於賀蘭山巴彥筍布日山峰西北側的山溝裡，周圍群山環抱，松柏滿山谷，景色秀麗宜人，現在是阿拉善地區的旅遊勝地。1739年（清乾隆四年），倉央嘉措曾在阿拉善建立的「冬季大願法會」，阿旺多爾濟在南寺沿襲傳衍，據說這一規矩至今還保持著。阿旺多爾濟還於每年五月舉辦「夏季大願法會」，舉行「勝樂」、「大威德」、「密集」三大本尊壇城的盛大修祭。

《倉央嘉措傳》是阿旺多爾濟的傑出代表著作，書中記錄六世達賴倉央嘉措坎坷離奇的一生，是研究倉央嘉措後半生極為重要的

史料。《傳記》文筆流暢，敘事清晰，所記錄的事情大多有年代可以考證，所以此書在阿拉善宗教、史學、文學發展史上佔有極其重要的地位。

作者阿旺多爾濟（或叫倫珠達爾吉）是其本名，一般尊稱他為「達爾吉諾門汗」。此人在阿拉善佛教界一直被視為第巴桑結嘉措的轉世，還曾受過七世達賴喇嘛授予的「清淨寶貝法王」封號。

瑪旁雍錯聖湖顯現因緣

前文提及，倉央嘉措曾回答阿旺多爾濟的父親說：「……我本來有個心願要遍訪五台、京師、珞伽山等地，然後還打算去北方的香巴拉（西藏傳說中的聖地、佛國淨土）。先前，當我在本土朝拜梅朵塘的拉姆拉措聖湖時，瑪索麻神在湖中清清楚楚地顯示出漢、藏、蒙古等一切地方，顯示出你們阿拉善的山川、地貌以及居家、人口數目等情形；就連你這小兒子在他母親懷中，也顯現得一清二楚，這孩子也是個有福分的。不過，我現今所說的一切，暫時不要宣揚出去，尤其要緊的是：對誰也不要說起有我這麼一位從西藏來的塔布夏仲。[3]」

接下來，倉央嘉措還說道：「為了對聖教和眾生的利益，眼下

註3 同上。

我仍需要用這身遊方僧人的打扮四處走走，你們不要妨礙我，有朝一日，我的身世必將大白於天下，我終將為世人所讚歎、羨慕和稱奇的，也終將為大家所崇拜和敬信。這一時刻一定會來的，但是不能太過著急。」

　　瑪旁雍錯聖湖在藏傳佛教中的地位向來受重視，正是因為它能顯示未來。當然，前面我們也提到，瑪旁雍錯湖不但是西藏佛教的聖湖，同時還是苯教、印度教的聖湖，所以它的地位極高，有「聖湖之王」的美譽。「錯」，在藏語裡是「湖泊」的意思。瑪旁雍錯，藏語的意思為「吉祥天姆湖」，又名「瓊果傑神湖」。湖面海拔5000多米，位於加查縣崔久鄉曲科傑叢山之中，是西藏最具傳奇色彩的湖泊。

　　瑪旁雍錯為一高山淡水湖，湖面積約一平方公里，形似橢圓，猶如群山環抱的一面鏡子，景致秀美。湖面結冰期約七個月，夏天解凍以後，時而風平浪靜、水清如鏡；時而無風起浪、彤雲密布，還不時發出奇特的聲響，並能現出各種奇妙的景象。

　　此湖是藏傳佛教的著名聖地，在藏傳佛教「轉世」制度中有著特殊地位——因為每年尋訪達賴喇嘛、班禪等大活佛的「轉世靈童」之前都要到此湖來觀看顯現的景象，並據所見而尋找靈童，因而備受信徒們敬仰。而每年藏曆四至六月，也會有許多善男信女前來這

裡朝聖、觀景，據說多人同觀，但所見各異，並能可以從湖水的倒影中看到自己的未來。

1509 年（明正德四年），二世達賴根敦嘉措在附近修建了曲科傑寺，為高原奇特的風光增添一道新景色。

❧ 第十一章 ❧

與各大寺院的不解之緣

　　倉央嘉措雲遊十年期間，與不少寺院結下不解之緣，這在《倉央嘉措傳》中都有詳細記載，現將倉央嘉措的經歷整理如下。

青海賽科寺（廣惠寺）

　　1718年（清康熙五十七年），倉央嘉措將其他人留在西寧，然後孤身一人扮成遊方僧的模樣前往賽科走去。第二天，天剛濛濛亮，倉央嘉措便來到賽科寺大殿進行繞殿和禮拜；隨後，倉央嘉措又到大殿上去禮拜。那天恰逢殿中舉行辯經大會，倉央嘉措就從前排走過，禮拜佛像之後，又從執淨瓶的僧人行列走了下來。

　　當時，在座位的最後有一個準備出席辯經的僧人，因他以前曾多次見過倉央嘉措，因此馬上認出是倉央嘉措。他立即向倉央嘉措恭敬作禮，並請倉央嘉措為他摩頂賜福，倉央嘉措便為他摩頂祝福後，就逕自走了。當天，這位請求摩頂賜福的僧人在辯經會上大獲全勝——若是從前，他的對手總是將他辯倒，所以全體僧眾一致認為，他的獲勝完全是受了倉央嘉措摩頂賜福的結果。

賽科寺，也稱廣惠寺、郭莽寺、法海寺，位於青海省大通回族土族自治縣東峽鄉衙門莊村。1650年，由西藏喇嘛隆巴端住布（1613年—1665年）創建，並任寺主。贊布・端珠嘉措1666年去世後，由諾門汗敏珠爾主持寺務，自此即由歷代的敏珠爾活佛擔任「寺主」之職。賽柯寺前身是廣惠寺，原名郭莽寺，藏語「賽科合官巴」，意為「贊波具喜聖教洲」，與青海的塔爾寺、佑甯寺、夏瓊寺、隆務寺齊名，並稱為「青海五大格魯派寺院」。

1723年，青海蒙古和碩特貴族羅卜藏丹津「反清事變」爆發，郭莽寺無端捲入戰亂，導致年羹堯大軍「殲其眾而焚其寺」的鎮壓和燒毀，當時的郭莽寺第一次被毀。戰亂平息後，清政府採取懷柔政策，於1732年從國庫撥銀十萬兩，重新修建了郭莽寺，並賜「廣惠寺」匾額。

賽科寺係格魯派寺院，建有顯宗、密宗、醫宗、時輪四大學院和大經堂、佛殿及僧舍、靜房和護法殿等。現在，寺內珍藏有明永樂八年二月初一永樂皇帝所賜「灌頂圓修諍慧大國師字隆迪瓦桑爾加領真」的聖旨一軸、清代乾隆皇帝賜的「法海寺」匾額一方、九世班禪書寫的藏文掛軸三幅，以及清朝賜給敏珠爾活佛的「淨明禪師之印」等文物。

在藏傳佛教青海格魯派五大寺院中，賽科寺屬中等規模，它的地位卻能與塔爾寺相比。該寺擁有九座屬寺——即現今門源縣的朱固寺、二塘寺、加多合寺、班固寺，互助縣的松潘寺，大通縣的煤洞靜房，甘肅天祝縣的大宛寺、達壟寺等。另外，在新疆塔城地區也有屬寺，信徒眾多，這與廣惠寺住持敏珠爾活佛在佛教界的崇高地位有很大關係。

敏珠爾活佛是廣惠寺的寺主，也是一支活佛轉世的體系，現已轉至九世——

第一世敏珠爾呼圖克圖是生於藏族家庭的隆巴端住布，他修建了廣惠寺，1727 年被清廷追封為「敏珠爾呼圖克圖」。

第二世陳賴隆住布（1622 年－1699 年），藏族，在拉薩哲蚌寺刻苦學成，受封敏珠爾諾們罕名號，亦被清廷追封為「敏珠爾呼圖克圖」。

第三世法號洛布藏丹增嘉木措（1700 年－1736 年），生於青海化隆縣的一戶藏族家中，1727 年被封賞為「敏珠爾呼圖克圖」，1734 年被選為蒙古多倫地方各寺院大喇嘛。

第四世名俄汪成勒嘉木措（1737年1785年），蒙古族，著有《世界廣論》一書，是介紹印度和中國藏區地理的名著，有英、俄、法文譯本。

第五世是蒙古族札木巴爾曲吉丹增（1789年—1838年），1792年迎駐廣惠寺，後赴北京供職，並圓寂北京東黃寺。

第六世是藏族人達麻林札布（1839年—1881年），在廣惠寺坐床後，於1853年入京，1879年受命到多倫任職，並圓寂在多倫。

第七世法號俄科，藏族，1891年由禮部監製頒「淨照禪師之印」一顆。圓寂在多倫廣宗寺。

第八世法號多吉加（1905年—1937年），出生於一戶蒙古族家庭中，在廣惠寺不久，前往拉薩贊寶紮倉（廣惠寺在西藏的屬寺）靜修十餘年。1931年與西寧的社會賢達、宗教界人士共同倡議，創辦三處小學。1933年在南京設立呼圖克圖駐京通訊處，自任處長。1937年「七七事變」前夕病逝於南京。

第九世羅桑華旦益西，1980年1月生於青海貴南縣，藏族，父名桑傑嘉措，母名南措吉，1995年10月4日，由塔爾寺阿嘉活佛認定並舉行「坐床」儀式。

甘肅塔布寺（石門寺）

話說，倉央嘉措駐錫在阿拉善後，以不可思議的神通力度化了王爺阿寶及公主丹顏格格，成了他們的上師。1717 年秋，倉央嘉措帶了幾名侍從，與丹顏格格一起前往京師（北京），住在王爺府中。1718 年春季，隨丹顏格格返回阿拉善，在阿拉善住了兩年時間。1720 年 5 月，倉央嘉措再一次來到賽科寺，為那裡的僧俗大眾講解《道次精要》，並收夏魯巴・洛桑班登為該寺的首座弟子。之後，便返回阿拉善。

1720 年，倉央嘉措又一次來到賽科寺（第一次來賽科寺是1716 年），受到的禮遇比以前更隆重；後來，受塔布寺的長老們商議，想請倉央嘉措當塔布寺的寺主，當時塔布寺是賽科寺的子寺。一開始，倉央嘉措不願意當寺主之職，後來在塔布寺所在地——嘉格隆的僧俗大眾再三懇求以及因緣巧合下才答應，在這一年的七月初三日前往嘉格隆塔布寺。

塔布寺，又名石門寺、嘉格隆寺、仲日寺、石門舊寺，位於甘肅省天祝縣城西 11 公里的石門河峽口內側的石門鄉，北靠高聳的馬牙雪山，南臨石門河。該寺由明代國師羅桑丹巴・曲吉尼瑪初建，藏語稱「嘉格讓雅爾隆圖爾欽噶丹賢巴林」。

1652 年，達賴五世阿旺‧羅桑嘉措進京途中曾到過該寺。據傳，達賴六世倉央嘉措曾輾轉來到此寺，居住達一年之久，並得名「塔布夏仲」。1724 年，因青海蒙古和碩特首領羅卜藏丹津反清事件的牽連而毀於戰亂。此後，所毀之寺由倉央嘉措主持修復，從1727 年開始動工，至 1743 年竣工，前後共用了十六年的時間，當時稱為「達布寺」，御賜匾額為「格丹勒措哇」（意為「宗喀巴的信徒」），朝廷還發給兩百五十名僧人的供奉，並賜給藏文版大藏經《甘珠爾》和《丹珠爾》。

清代乾隆之後至解放初，該寺為內蒙古阿拉善巴讓克寺（即今昭化寺）屬寺，原來的寺院中曾珍藏著很多文物和古蹟，後遭到損毀。現寺記憶體有七世達賴格桑嘉措所贈象牙觀音佛像一尊；明洪武年間的馬頭明王石浮雕像；清代白海螺一個；倉央嘉措的法衣、帽、法器；華銳熱布薩的骨灰塔一座，以及許多精巧的唐卡、小銅佛像等物。

該寺歷史上曾出現過一些著名的學者，最有名的當數清末民初的華銳熱布薩，他學識淵博、精通五明，曾是十三世達賴土登嘉措的副經師，著有佛教哲學著作二部，塔爾寺等地收藏有他的梵文、藏文手跡。

阿拉善昭化寺

1720 年，倉央嘉措在塔布寺從秋天一直住到了冬季末，之後才返回阿拉善。在北返時，走到棨噶地方，倉央嘉措收住馬韁向四處看了看，最後對身邊的人說道：「將來在這裡建座寺院，這裡建拉讓和大殿，你們的僧舍可以建在這些地方。」

當時，身邊的侍從和弟子們聽後都感到很納悶，心想「不是已經有現成的寺院了嗎？怎麼還要修新寺院啊？不知尊者是怎麼想的。」雖然這般想，但他們卻不敢說的，只好口頭上答應著。其實，這是倉央嘉措對未來要建內蒙古昭化寺的預言。

後來，倉央嘉措真的在棨噶（即今阿拉善盟阿拉善左旗超格圖呼熱蘇木所在地，在格裡沙漠左緣）修建了昭化寺。該寺從 1724 年破土動工，但正碰上戰亂餘煙未消——即 1718 年川陝總督、定西將軍年羹堯進藏平定「準噶爾部叛亂」時，曾毀掉青海、四川以及西藏隨途的寺院，所以延遲到 1727 年夏季才重新動工修建，據說修建時還碰到不少阻礙。

傳說，那塊地當時屬漢人管轄，但地方的父母官卻不信佛，所以今天蓋好的房子，明天就責令拆除。歷經波折之後，才將大雄寶殿建成。後來，那位長官從外地回來後，他帶領許多士兵要來拆除，把彌勒殿上的瓦都揭下來扔掉。倉央嘉措見後，為了一方百姓的福

祉，他便屈尊下跪在那位官員面前，向他頂禮，懇求不要拆除寺院，最後總算留下了大殿——當天，漢官返回官塞後，立即九竅流血、猝然死了，人們都說是他承受不起倉央嘉措的跪拜所致。

　　昭化寺位於阿拉善左旗超格圖呼熱蘇木所在地，格裡沙漠左緣，為阿拉善八大寺之一。該寺主要以古樸、典雅的藏式宗教建築物為主，由大雄寶殿、觀音殿等經殿組成。話說遼代時，在現今昭化寺的基址上，曾有一座名叫熱格蘇木關布的小廟，附近有樓蘭族（雲樹法部落）的牧民放牧，並在此廟進行簡單的宗教活動，由朝格圖夫婦看守。1697 年，阿拉善王爺阿寶正式從清廷獲得「札薩克」（旗主）玉印；建旗後，由格隆桼西喇嘛等人為首的幾名僧人主持這小廟宇裡的法事活動。1716 年，倉央嘉措路過此地，並在朝格圖夫婦家做過客，後來他看這塊地方風水不錯，認為將來可以擴建寺院來弘揚佛法。

　　1717 年春，倉央嘉措同十二名從侍人員前往定遠營（現巴彥浩特），晉見阿拉善王阿寶老爺和道格甚（丹顏）公主，並獲准在熱格蘇木關布廟址上擴建寺院。1731 年，協禮台吉班茨爾桼布為首的施主上奏阿拉善王阿寶老爺，請求修建寺院，獲得了阿寶王爺的大力支持。1733 年夏季破土動工，先建大雄寶殿，以及格根拉布隆三間、廟倉若干間，後初具規模，命名為「朝格圖呼熱」（藏文為「巴拉欽拉布林」），意為朝格圖的家園——此為昭化寺原來的名字。

1735 年，倉央嘉措又自籌一萬兩白銀，讓年僅二十歲的弟子阿旺多爾濟赴藏深造，並讓他帶回大量的經文、佛像、法器等。1738 年，阿旺多爾濟不負其師重望，不但精通佛教經論，而且將倉央嘉措要求帶回來的物品盡數帶回。1738 年，阿寶與公主夫人布施一百五十兩白銀，以及在班茨爾紮布等施主的大力資助下，大規模進行擴建，當時又取名為「盼德嘉木蘇林」，這是昭化寺第二個寺名。

第二年（1739 年），在該寺舉行了規模宏大的祝願法會，迎請倉央嘉措就坐於八獅法座，主持法事五天五夜。1742 年，興建了平層十五間的阿格巴經殿，將此殿命名為「特格沁蒼哈林」。

1746 年 5 月 8 日，倉央嘉措在承慶寺圓寂；次年，將倉央嘉措肉身移到該寺高爾拉木湖水邊立塔供奉。按阿旺多爾濟的意願，經札薩克（旗主）的同意，1756 年開始建造廣宗寺（南寺），並將承慶寺全盤搬至現廣宗寺寺址，只留下少數僧徒看守寺院。這少數僧徒經十幾年的艱辛努力，廣收信徒，承慶寺方才逐步得到發展。

1771 年，在眾多虔誠佛徒的大力資助下，興建了漢式觀音殿，殿堂的四周安置木製轉輪經，殿內供奉的是紅銅鍍金觀音塑像。1903 年 2 月 26 日，清廷理藩院御賜以四種文字書寫的「昭化寺」匾額。同時，根據溫都爾格根的遺言，昭化寺的主持席熱喇嘛後來都由根本寺院──廣宗寺派任。

1935 年，將大雄寶殿又擴建成為現有的四十九間；1947 年，將原有九間大的藏紅殿擴建為十二間。1948 年至 1949 年間，又將寺院翻修一番，直至「文革」期間。

昭化寺的各種法會是從 1734 年開始形成常規，定期進行各種祈願法會。除較大的法會之外，小規模的誦經、消災、祭祀大小不等的法事活動終年不斷，費用由廟倉吉斯按規定承擔。

「文化大革命」期間，除大雄寶殿、阿格巴殿因做為糧庫而倖免於難外，其它經殿均遭破壞，大量珍貴法器、佛像等宗教藝術品失竊，木製地板亦洗劫一空。黨的十一屆在中全會以後，該寺逐步得到恢復。

1979 年春，以羅布生卻德勻為首的部分喇嘛，在羅布生卻德勻的家中集聚，開始簡單的法事活動，之後受到廣大施主的大力資助。1984 年至 1985 年，倖存的兩個經殿先後歸還於眾僧，並成立了由羅布生卻德勻為首的管理所。十九年來，不斷維修寺院，各種法會漸漸納入了正常軌道。

昭化寺現任住持名叫阿旺老迪，阿拉善人，是阿拉善盟佛教協會常委、阿拉善左旗政協委員。

青海夏瓊寺

到 1736 年，倉央嘉措已同時擔任代脫寺、朱古寺、羌仁寺、甲丹寺、色木尼寺、甲亞寺、沃爾措寺、夏瓊寺、惹甲多寺、霍爾衰巴寺、甘穹寺、止貢寺等十三座寺院的堪布之位。

夏瓊寺是青海最古老的藏語系佛教寺院之一，坐落在化隆回族自治縣查甫鄉黃河北岸夏瓊崖。1349 年，由宗喀巴的啟蒙上師曲傑 · 端珠仁青創建。該寺地勢俊峭、環境幽雅，因寺後的山崖形如展翅欲飛的鷲鳥，故取寺名為「夏瓊」（藏語意為「鵬鳥」）。並因藏傳佛教格魯派一代宗師——宗喀巴大師在此剃度出家而聞名於世（據說，宗喀巴年僅三歲就被其父領到該寺受皈依戒）。

曲傑 · 端珠仁青是宗喀巴的啟蒙師，宗喀巴七歲就到夏瓊寺出家，並師從曲傑 · 端珠仁青學經。十六歲離寺進藏求法；之後，在西藏創建格魯派。因此，藏傳佛教史稱夏瓊寺為格魯派的發祥地和多麥地區各大寺院的祖庭。

夏瓊寺的原寺院占地三百餘畝，大小建築群二十八處，佛殿、僧舍共計兩千六百三十餘間，木式樓房二十六座。最早的建築有大雄寶殿、大護法殿和曲傑 · 端珠仁青的靈塔殿。1788 年，乾隆皇帝親賜漢、藏、滿、蒙四體文字的「法淨寺」匾額。寺內至今還藏有佛陀舍利和阿底峽大師靈骨裝藏的洛洛夏惹觀音像、以釋迦佛舍

利子裝藏的檀香木古塔、固始汗的寶劍和敦珠仁欽、宗喀巴的金銅像、金書《甘珠爾》大藏經等珍貴文物。

在歷史上，以戒律嚴格、多出名僧而聞名於世。除宗喀巴外，還有七世達賴的總管家尺毆項年智、尺毆項曲智和尺金巴措等人，皆為名揚全藏的大學者。同時，七、八、九、十世達賴的經師均出自夏瓊寺，因而受到藏語系佛教界和中央王朝的重視。

1980 年 5 月，夏瓊寺重新開放，現為省級文物保護單位。

青海郭隆寺（佑寧寺）

佑甯寺位於青海互助土族自治縣龍王山南麓、互助土族自治縣東南五十鄉境內，距西寧五十公里，藏語稱「郭隆賢巴朗」（意為「寺溝彌勒洲」），是一個以土族僧人為主的格魯派寺院。因寺在郭隆地區，故又稱「郭隆寺」；同時，也是清八大呼圖克圖之首的章嘉活佛本寺。

倉央嘉措在佑寧寺暫住期間，還示現過神通救過一個賣燒餅的。故事是這樣的[1]：1736 年秋，倉央嘉措來到郭隆寺時，被號稱「西藏老龍」的土司大人迎請到欣巴華的阿蘭若（原意是森林、樹

註 1 詳見《聖祖仁皇帝實錄》（《康熙朝實錄》）。

林之意，廣義指古印度的修道人禪修的寂靜處，後世也作寺院或靜修之地）。當時，土司大人設了漢地宴食來款待，正在吃飯的時候，倉央嘉措卻雙眼望著空中久久不動，也沒有用膳。

於是，土司大人問道：「上師，您只是望著空中，卻對供養的飯菜不理不睬，這是為什麼呢？難道是您不喜歡吃這些東西？」

倉央嘉措說：「剛才我沒有空。」

土司大人很奇怪地說：「可您並沒做什麼事呀？」

倉央嘉措只好解釋道：「是這樣，剛才有個賣燒餅的漢人掉進久拉河，被水沖走了，正奄奄一息。我為了救他的性命，所以耽擱了不少時間。那個漢人為了答報我的救命之恩，要把一筐點心全送給我，我沒有接受，後來只接受了半個燒餅。」說完，尊者從懷中掏出半個燒餅給眾人看了看，土司及他的部下僕人都驚訝萬分，但又不大相信。

後來，土司大人為了證實這件事，便派了幾名得力手下前往河邊查訪，果然看到有一位漢族青年，他正在河邊晾曬被水打濕的衣服和一筐燒餅。一問之下，那青年所說的與倉央嘉措所說竟完全一樣，眾人感到更是驚奇了，便讓那位青年穿好衣服，挑上燒餅，將他帶到了土司府中。

土司大人問他：「你看看，這裡有沒有救你的活佛？」那青年前前後後看了看，當看到倉央嘉措時忙指道：「就是這位活佛將我從河中救起的！」眾人一時驚呆了。後來，尊者從懷中掏出半塊燒餅，那青年也從筐中揀出半塊燒餅，兩個一對恰好是一個整的。因此，以土司大人為首的僧俗等人，對倉央嘉措生起了堅定不移的信心和敬意，這些人後來都成了倉央嘉措的護法施主。

佑甯寺，最早修建於明朝。1604 年，西藏第七世嘉色活佛端悅卻吉嘉措按照三世達賴喇嘛的生前授記，又受四世達賴喇嘛的委派來青海，在當地土族、蒙古族、藏族頭人以及一世松布活佛的協助下，於 1604 年修建而成。

早期的佑寧寺，有嘉色活佛寢宮、經堂、顯宗學院、護法神殿、大廚房等建築。在清代康熙年間的鼎盛時期，有大小經堂、僧舍、昂欠等兩千多個院落，僧侶七千七百多人，設有顯宗、密宗、時輪、醫宗四大學院，成為青海湟水以北地區最大寺院。該寺曾出過許多著名的活佛，如章嘉、土觀、松布、卻藏、王佛等，其屬寺達四十九個，故有「湟北諸寺之母」的美稱。

1723 年，青海和碩特蒙古首領羅卜藏丹津反清，寺院被清兵焚毀。1732 年，雍正帝下詔修復，並賜額「佑寧寺」。清朝同治年間，因西北回族的「反清起義」，再次毀於戰火，後經第六世土觀活佛主持重建，至清朝光緒年間修復，當時住有僧眾一千餘人。

民國年間逐漸衰落，至 1949 年青海解放之前，僧眾只有兩百七十餘名；1957 年僅有三百九十六名。1980 年 7 月，佑甯寺重新開放，並重新修建了大經堂、小經堂、彌勒佛殿和日月神殿、度母殿、噶當殿、護法神殿、空行神殿、嘉色寢室、土觀囊以及僧舍四百七十餘間，寺內現藏有許多珍貴文物。

駐錫阿拉善盟

1718 年 10 月 12 日，倉央嘉措率隨從自西甯直接來到了阿拉善。當時，倉央嘉措騎著一匹雪白的駿馬，頭上戴新製的一頂「貢式」帽子（一種平頂帽子，傳為四世班禪所創），腳上穿著飾有花紋綢緞的靴子，身後跟著十二位弟子，來到阿拉善一個名叫匝布蘇爾烏素（今阿拉善旗廂根達來巴格的匝布蘇爾烏素）的地方，與班孜爾紥布台吉一家結下了很好的緣分，為駐錫阿拉善打下了良好的基礎。

話說，阿拉善旗自 1677 年從新疆天山北路厄魯特蒙古陸續遷來阿拉善地區，到 1697 年清政府安置建立阿拉善和碩特旗，前後經過了二十年。1676 年，噶爾丹在齋桑湖附近襲殺鄂齊爾圖車臣汗，逐漸合併西北地方後，一些鄂齊爾圖車臣汗的舊屬紛紛內徙。這時，清政府正集中軍力鎮壓長江以南的「三藩叛亂」而無暇顧。「三藩叛亂」被平定以後，1682 年，清政府派內大臣奇塔特出使至噶爾丹處，交涉處理遷來西套的厄魯特部族事宜，並約定在 1685 年以前

處理西套厄魯特部族，但噶爾丹這時極力圖謀進攻喀爾喀而未採取實際行動。

1685 年 6 月，約定期限一過，清政府毫不遲疑做出新決定。康熙在上諭中說：「鄂齊爾圖汗之孫羅卜臧滾布、與巴圖爾額爾克濟農，當使聚合一處。於所宜居之地，為之經理、令其居處。賜之封號。給以金印冊。用昭示朕繼絕舉廢之至意焉。[2]」1686 年 2 月，因為此事，和羅理率屬眾到北京朝見，康熙接見他並「賞宴視大台吉例，以御服貂裘賜之[3]。」不久，又派理藩院官員去西套勘察地界、制定法規，以予約束。

1688 年初，噶爾丹藉口土謝圖汗部與札薩克圖汗部的衝突，向喀爾喀地區引兵三萬，大舉進攻，並將兵鋒指向清政府。從 1690 年到 1697 年間，清政府集中大批兵力，三次出征漠北，鎮壓噶爾丹的反清勢力；加上原屬準噶爾部的罕都台吉、厄爾德尼和碩齊等部趁機叛亂，和羅理請求清政府派兵鎮壓，未果，故引起西套厄魯特各部族的驚恐。和羅理「以駐牧阿拉善久，不願內徙，聞大軍將至，懼討，率眾竄[4]」，而罕都、羅卜藏額琳臣等部在和羅理的影響下均叛逃而去。

註 2　見博寶藝術網《阿拉善和碩特建旗源流》一文，2008 年 03 月 24 日。
註 3　同上。
註 4　同上。

清政府為了盡快解決西套的動亂局勢，以集中力量平定噶爾丹，對和羅理等不得不用「招撫」政策。1692 年，清政府遣侍衛阿南達等去招撫和羅理，對其他各部也一概寬免招撫。1694 年清政府再次召和羅理「來朝進貢」，進一步加強對他的控制。對西套其他各部，清政府也始終採取寬容政策，並針對西套各部的實際困難，清政府還發放了賑濟糧款，使其生活有所保障，此舉令多數西套蒙古人安心居住在阿拉善，並接受清政府的統治。

　　1696 年 5 月，清軍在昭莫多大敗噶爾丹。為鞏固阿拉善地區的統治，同時加強對準噶爾地區的控制，1697 年 10 月 24 日，康熙帝下令：「巴圖爾額爾克濟農授以貝勒，另為一札薩克，給與印信，將其屬下丁，分編佐領，住賀蘭山。[5]」1697 年 11 月，清廷正式授予和羅理「多羅貝勒」爵位以及札薩克（旗主）印章，管轄其部落之眾，並將其牧地命名為阿拉善和碩特旗。

　　阿拉善盟，最早叫巴彥淖爾盟。1956 年，阿拉善旗、額濟納旗、磴口縣和巴彥浩特市，劃歸內蒙古自治區巴彥淖爾盟管轄。1969 年至 1979 年，阿拉善地區三旗劃歸寧夏回族自治區和甘肅省管轄。1980 年 4 月，阿拉善盟正式成立，轄阿拉善左旗、阿拉善右旗和額濟納旗，盟府駐地為巴彥浩特鎮。巴彥浩特，舊名定遠營，1730 年建成，歷來是阿拉善地區的政治、經濟、文化中心。

註 5 詳情見內蒙古新聞網《阿拉善廣宗寺》一文。

內蒙古廣宗寺（南寺）

倉央嘉措的後半生一直是一個謎，如果要揭開謎底，就不得不提阿拉善左旗的廣宗寺（俗稱南寺），因為該寺是倉央嘉措的得意弟子、第巴桑結嘉措的轉世靈童阿旺多爾濟遵照他的遺囑而修建，也是倉央嘉措肉體安葬的地方。

廣宗寺，藏文稱作噶丹旦吉林，意為兜率廣宗洲。該寺位於阿拉善左旗境內賀蘭山主峰巴音森布林西北側一個群山環抱的寬闊地帶，地勢高低錯落，面積約 9.4 平方公里，周圍樹木成蔭。寺的南邊有一條小溪，涓涓流水終年不斷。

話說當年倉央嘉措收阿旺多爾濟成為弟子，之後阿旺多爾濟就隨倉央嘉措出家了。待阿旺多爾濟長大，倉央嘉措安排他前往西藏求法；三年後，當阿旺多爾濟學成歸來時，倉央嘉措便派他去青海省樂都縣境內建造馬營寺。

爾後，倉央嘉措又把修建廣宗寺的遺囑留給阿旺多爾濟，而他則於 1746 年圓寂於阿拉善旗霍特布日林高勒的門吉林寺（又名承慶寺）。同一年（1746 年），阿旺多爾濟遵其師父倉央嘉措的囑託再次入藏，接受七世達賴授予的「阿日路克桑額爾德尼諾門汗」的封號和布達拉宮「朗傑札倉堪布」的稱號。

阿旺多爾濟從西藏回來後，確認倉央嘉措的下一世「轉世靈童」，並用了十年時間作準備工作，於 1756 年開始破土動工修建廣宗寺，把原來的彌勒廟擴建成九間，另外修建了四十九間大的大經堂和廟倉。第二年，倉央嘉措的靈塔從昭化寺請到了廣宗寺，並專門修建一座大殿供奉。同時把倉央嘉措的「轉世靈童」——十一歲的羅桑圖布丹嘉木蘇請到新的大經堂，舉行了隆重的「坐床」慶典和佛像「開光」儀式。

1869 年，南寺在「同治動亂」中曾遭受過一次重大損失，除時輪大殿和金剛亥母殿以外，幾乎所有的廟宇被放火焚燒，大批財物被搶去。接下來又發生了一場大火，使南寺更受重創，僧人們衝入火海，將倉央嘉措的肉身、金剛亥母像、《甘珠爾》等搶救出來，運到山崖險處藏了起來。之後，由於殿堂被燒而無處安置倉央嘉措的法體，就送到衙門寺的醫藥殿暫時供奉。

光緒年間，南寺逐步修復和重建了一些殿堂、廟倉以及各種法會活動。然而衙門寺有人主張應把全旗最珍貴的聖物——六世達賴遺體放在延福寺內造塔供奉，不必再送回南寺，但遭到南寺第五世格根，以及阿拉善第七代札薩克（即旗主）貢桑居爾木德的三子嘉拉參旺吉勒反對，並據理力爭。之後，札薩克強令衙門寺僧人把倉央嘉措遺體遷到南寺供奉。

文革前，這裡有倉央嘉措靈塔殿——黃樓廟、彌勒殿、金剛亥母殿、三族佛殿等佛殿四座；其中倉央嘉措的靈塔是一丈多高的鍍金銅塔，塔門鑲嵌著各種寶石，塔頂上曾放有三吋高的赤金無量壽佛像（後在「文革」中被盜）。大經堂正中為鍍金銅制的釋迦牟尼佛像和泥塑的宗喀巴師徒三尊塑像；兩側為十六羅漢和四大天王像，堪稱佛教藝術的珍品。小經堂正中是文殊師利菩薩像；兩側是大於普通人身量的印度八大佛學大師「六嚴二勝」的塑像，栩栩如生。彌勒殿和格根住所兩處，有一千尊一尺高的宗喀巴泥像；密宗殿中有一尊一尺高、上有一千尊賢劫千佛的銅像；還有一尊一尺高、上有一千尊綠度母的泥像。醫藥殿中有一尊一尺高、上有一千尊白度母的泥象。

另外，各個殿堂都供奉和收藏有不計其數、繪製極其精美的「唐卡」。最主要的有釋迦牟尼的《三十四本生傳》兩套（上百軸）、《神變十五》一套（十五軸），反映宗喀巴本生和傳記的《八十宗喀》三套（上百軸）、《倉央嘉措傳》一套（十幾軸）；還有兩軸用彩色錦緞縫製而成的宗喀巴像、寬四丈高六丈的巨大彌勒佛像等；解放前，有註冊僧人五百五十名。

南寺藏書非常豐富，曾藏有北京版的藏文《甘珠爾》經一部（一〇八函）、藏文《丹珠爾》經兩部、西藏版的新版《甘珠爾》經一部（一百函）。另外，還有宗喀巴師徒三人的《全集》幾套（上百

卷）、五部大論及其注疏，以及其他著名大活佛、高增的著作，可以說是無所不有。南寺還有兩處刻經處和佛像刻版處，所藏的經卷刻版和佛像刻版數量非常多，可惜這些在「文革」中遭到嚴重破壞。

現今的南寺寺主為賈拉森，1988 年曾經出國到日本留學，同年策劃、修建南寺大經堂。2001 年，選擇了新建黃樓廟的位址，寺裡按他的意見製作了倉央嘉措的鎦金靈塔和所有佛像、法器。他親手把倉央嘉措的遺骨和骨灰放在靈塔內，並前往北京請來了卻西活佛為南寺各個新殿堂「開光」。在宏偉壯觀、金碧輝煌的黃廟樓裡，還做成了一百零八個裝有近十億嘛呢經、一萬篇《向回王經》的轉經輪筒，以及釋迦牟尼、宗喀巴法王、文殊師利身像等。

南寺位於內蒙古阿拉善盟、阿拉善左旗、賀蘭縣賀蘭山主峰巴音松布林西北側。依史料說，倉央嘉措在他三十七歲時第一次走進金剛口（南寺的山門），來到賽音希日格（地名）。原本那裡就有一座小廟，廟的旁邊住著兩戶人家，一位名叫巴雅吉呼，一位名叫阿日畢吉呼，他們的名字含有富裕和昌盛的意思。倉央嘉措來到他們家，一家把沸騰的熱奶獻給了他；另一家把剛剛縫好的坐墊鋪在家中請他坐。他剛走進金剛口，兩個菩薩變作普通人的樣子前來迎接，這些吉兆讓倉央嘉措非常高興，認為這是極好的緣起。於是，他決定在此處建造寺院、宏法利生，並為此而努力至終，這就是他與南寺的緣分。

另外，有的史料記載，曾經有十六位阿羅漢（聖僧）被迎往漢地時，曾在南寺所在地結夏安居，這些事蹟被記載在五世達賴所寫的《十六羅漢禮供》、倉央嘉措所寫的《阿拉善神祈供》、南寺第二代格根（活佛）圖布丹嘉木蘇所寫的《瞻卯山熏香祭》，以及章嘉國師若必多傑為南寺所寫的寺規──《三學昌盛之日光》，裡面都清楚記載當時的活動情景。據當地的老人們說，在特布克山頂有羅漢足跡，果然於今清晰可見[6]。

南寺就是倉央嘉措的心傳弟子阿旺多爾濟所創建的寺院，寺中一直供奉著倉央嘉措的肉身靈塔（作者按：肉身保存兩百餘年，後在文化大革命中被迫焚化，現建有舍利塔供奉，詳情如後文所述），這是遠近信教群眾虔誠敬信與嚮往它的重要原因。

1760年，南寺擁有僧舍一百九十七間；到1869年時，僧舍已達到兩千八百五十九間，常住僧人也增加到了一千五百名。南寺在1760年以前的名字叫潘代嘉措林，意譯為利樂海寺。到1760年，清廷為該寺賜名為「廣宗寺」，授給鐫有藏、滿、蒙、漢四種文字寺名以及為乾隆皇帝御筆所提的金匾，此匾的落款為「大清乾隆幾次閏八月十六日」，從此南寺有了新的寺名。

註6　見《緣起南寺》一書，賈拉森著，內蒙古大學出版社，頁66。

南寺修有四大札倉，即學習和修持不同內容的四個學院式僧院，它們為法相僧院（藏語稱「參尼紮倉」）、密宗僧院（也稱續部僧院，藏語稱為「阿格巴札倉」或「卓德巴札倉」）、時輪僧院（藏語稱為「丁科爾札倉」）和醫藥僧院（藏語稱為「滿巴札倉」）。

　　南寺周圍的瞻卯山、額爾德尼召和距寺較遠的道布吉林三座小廟是由南寺管理的。子廟或屬寺有：昭化寺（朝克圖庫熱廟）、承慶寺（門吉林寺）、妙華寺（圖克木廟）、沙爾子廟、查幹高勒廟，以及甘肅天祝的石門寺（又名塔布寺、嘉格隆寺）等，它們的堪布（法台），有的由南寺喇嘛擔任，有的則是由該寺提名之後由南寺任命，各大喇嘛、掌堂經師等重要僧職也都是由本寺提名後申報到南寺，由南寺長老們商議批准任命。

　　南寺有兩個格根（活佛），分別從選定建寺位址的倉央嘉措和親自建寺的第巴桑結嘉措的「化身」阿旺多爾濟開始，並以「格根轉世」的形式傳了下來。第一代格根就是羅桑仁欽・倉央嘉措（意譯為「善慧寶梵音海」），曾用化名阿旺曲札嘉措（意譯為「語自在法稱海」），他的傳記有阿旺多爾濟用藏文寫的《一切知語自在法稱海妙吉祥傳記——殊異聖行妙音天界琵琶音》。

　　倉央嘉措曾留下很多優美的詩歌，是藏族文學寶庫中一顆燦爛奪目的瑰寶。他流傳後世的作品有《大悲觀音訴願詞》、《阿拉善

神祈供》和為連城大寺寫的《白蓮妙樹寺志》等，前兩部著作有南寺刻印本，後一作品已由甘肅民族出版社出版發行。倉央嘉措生活的年代是從 1683 年 3 月 1 日至 1764 年 5 月 8 日，但南寺卻選在 11 月 25 日這天，在他靈塔前舉行「薈供」，以慶祝他的誕辰。

　　第二代格根是羅桑圖布丹嘉木蘇，俗稱「溫都爾格根」。第三代格根是卻達爾嘉木蘇。第四代格根是伊希楚勒圖木達爾吉嘉木蘇。第五代格根是貢薩勒永恰布。1944 年，已轉到第六世格根；1958 年離開廣宗寺以後，去向不明。[7]」

　　南寺還有一位寺主格根，那就是迭斯爾德呼圖克圖，一般被稱故「喇嘛坦」，是從阿旺多爾濟開始轉世，即一世喇嘛坦。現任喇嘛坦為第六世，名叫賈拉森，1946 年生於甘肅省天祝縣，俗名拉嘎旺，父名巴瑪才讓，母名雲吉；十世班禪認定後，賜名「阿旺丹比堅參」。賈拉森三歲被迎請至阿拉善；五歲受出家戒並「坐床」，開始學習藏文和背誦經文；十二歲入小學學習，一直念到研究生畢業，後來留學日本。現在，賈拉森主要從事蒙古語研究和教學工作，任內蒙古大學蒙古語文研究所副所長、教授、博士生導師；同時在全國、內蒙古、阿拉善盟的佛教協會分別擔任理事、常務理事和副會長。

註 7　詳情見《阿旺達爾濟後五世轉世的概況》一文。

南寺格根是阿拉善最大的格根，而且歷代轉世大都受過達賴、班禪授予的「伊拉古克桑班迪貢卓諾門汗」和朝延授予的「達格布呼圖克圖」封號，還有一尊號為「嘉勒色來格根」。

南寺是阿拉善旗最大的寺院，也是信眾嚮往及信仰的地方，曾聚集了大量有歷史價值的珍貴佛像、佛經、佛教文物和佛教藝術品等，同時也聚集了精通佛教顯、密二宗教理教規的高僧大德。後來，「文化大革命」開始時，從巴彥浩特來的造反派闖入南寺，首先搗毀倉央嘉措的靈塔，並強迫僧人們破壞倉央嘉措肉身並予以焚燒，大量的佛像、佛經以及寺院都遭到了損毀和破壞。

1981 年，南寺部分僧人來到原寺址蓋蒙古包和帳篷，舉行夏季祈願法會，並由羅卜桑甯吾、尚巴丹達爾、丹比寧吾等人出資出力，在原格根倉房的遺址上蓋建五間平頂佛堂，並將桑吉拉布坦精心撿起收藏的倉央嘉措骨灰重新造塔供奉。同時塑製宗喀巴師徒三尊泥像；還有為達爾吉諾門汗、溫都爾格根、桑吉嘉木蘇喇嘛坦各造靈塔一座。另外，南寺有著悠久的歷史、倉央嘉措的真跡以及其他珍貴的文化遺產，因而使得南寺遠近聞名。

在此，筆者依據多種資料，將南寺一些重要的建築物整理、介紹，如倉央嘉措靈塔殿、黃樓廟、荼毗塔、佛海壇城塔、雙白塔等，以便讀者瞭解概況。

黃樓廟

黃樓廟，即倉央嘉措的靈塔殿，是供奉倉央嘉措遺體之處，因廟用黃琉璃瓦建成，故名。現今的黃樓廟，是由南寺寺主為賈拉森所創建。

1988 年，賈拉森曾經出國到日本留學，同年策劃建蓋南寺大經堂。2001 年，選擇了新建黃樓廟的位址，寺裡按他的意見製作了倉央嘉措的鎦金靈塔和所有佛像、法器，他親手把倉央嘉措的遺骨和骨灰放在靈塔內，並前往北京請來了卻西活佛為南寺各個新殿堂「開光」。在宏偉壯觀、金碧輝煌的黃廟樓裡，還做成了一百零八個裝有近十億嘛呢經、一萬篇《向回王經》的轉經輪筒，以及釋迦牟尼、宗喀巴法王、文殊師利身像等。

佛海壇城塔

壇城是佛法總集的意思，佛海壇城塔就是諸佛彙集的道場。此塔建於倉央嘉措靈塔原址，因傳說基座地底深處有一座用彩色方解石粉修有勝樂金剛壇城，故起名「日壇城塔」。後又在塔名前冠以「佛海」二字，象徵十方三世一切諸佛智慧永駐此塔。

該塔高 10.5 公尺（合市制 315 吋），是象徵倉央嘉措誕辰三百一十五周年時建造。於 1998 年陰曆 7 月 25 日，由寺主迭斯爾德活佛等高僧大德在塔前聚會誦經，舉行「開光」儀式。塔內裝藏

有：釋迦牟尼像十萬張，宗喀巴師徒三尊像十萬張，蓮花生大師像十萬張，三聖族佛像二十萬張，馬頭明王像十萬張，龍尊王佛像十萬張，四臂觀音像十萬張，具光佛母像十萬張等佛像類和藏傳大藏經《甘珠爾》經一套（108函）、《解脫經》三部、《菩提道次第廣論》一部，《宗喀巴傳》、《米拉日巴傳》、《六世達賴傳》各一部，《俱舍論》、《現觀莊嚴論》各一部，六世達賴梵名咒十萬遍、護法神咒十萬遍以及「六字真言」等經咒類；還有伏藏瓶、各種礦石、器具等均按規定備齊後，由南寺年齡最長者八十八歲的羅布桑策仁喇嘛主持誦經後裝入塔腹。

雙白塔

雙白塔是以白色為特色的兩座塔。此指位於黃樓廟和大經堂西北隅的一雙白塔，它是南寺現存最古老的建築，也是唯一一座雖經文化大革命而倖存下來的藏式雙塔，是難得的古蹟。

其上首較高的為「菩提塔」（後在雨中倒塌，見後文），較低的為「尊勝塔」；菩提塔前上有一個天然形成的藏文「嘛」字的大石頭，屬罕見之物。據說，初建南寺時，該雙塔為南寺的北邊界線，寺院的轉經路就經過塔下，後來寺院規模擴大，雙塔位置就靠近寺院中心。

2003 年 7 月 16 日，隨著一聲巨響，位於阿拉善左旗境內的賀蘭山南寺（廣宗寺）最古老的藏式雙白塔之一的菩提塔在雨中轟然倒塌，正在做佛事的喇嘛們急忙跑向出事地點，眼前發生的一幕讓他們驚呆了：原本十幾米高的菩提塔只剩下二、三米高的基座，昔日美麗的白塔變成了一堆磚石瓦礫。但更讓他們驚奇的是，廢墟中出現了大量的經書和佛像。喇嘛們顧不得多想，冒雨投入到緊張的搶救文物工作之中。

後來得知，被搶救出的經書上百卷，重達兩千公斤，以及上萬件佛像、佛塔、陶器、模具、銀元、珊瑚、珍珠等，出土這麼多的珍貴文物在阿拉善左旗文物史上還是第一次。出土的文物佛像、佛塔形態各異，大小不等，大的有二、三十公分高，小的僅有一分錢硬幣大小，質地大多為泥塑。另有一小部分佛像、佛塔為燒制或鍍金和彩繪製品，佛像大多是釋迦牟尼、宗喀巴和六世達賴倉央嘉措；尤為珍貴的一具製作佛像用的模具，有一塊泥板上竟印有二十尊佛像，還有一些文物待進一步研究。

因為菩提塔的塔身是由磚和土坯砌成，外部僅包有一層青磚，這樣的結構易受雨水侵蝕。以前，寺院每年都要用白灰對白塔進行防雨護理，後來還用水泥對塔身做了罩面，但沒有想到塔身上部出現裂縫，致使不少雨水灌入塔中，結果將使塔給泡塌了，不過也意外的發現許多文物。

倒塌的白塔原本是用來存放倉央嘉措生前物品的，倒塌的菩提塔是其中的一個大塔。另一座佛塔是用來存放倉央嘉措遺體的，那是倉央嘉措遺體在通湖圓寂後，真身從通湖移到頭道湖（超格圖呼熱，即昭化寺）時，便存放在這裡面。待賀蘭山南寺佛塔建造好後，便將倉央嘉措遺體的肉身建塔供奉，當時是放在大經堂的中央，後來才新建黃樓廟而單獨供奉。

　　倉央嘉措畢竟是一位宗教領袖，所以所供奉的靈塔也是最好的，以膠安置在黃樓廟靈塔內時，可以從塔前壁上的小玻璃窗口看到其肉身整體，後於「文革」時期被迫焚化；之後，在焚化處修建了荼毗塔。

ભ 第十二章 ભ

法筵大開收服貴族

以神通力降服福晉

　　有人說，三百年來阿拉善富饒安康離不開一位聖者的保佑——他就是倉央嘉措，後被阿拉善地區的民眾尊稱為「德丁格根」，意思是「來自雪域高原的尊貴上師」。

　　話說 1707 年，年僅二十五歲的倉央嘉措被送往北京。當隊伍走到青海的更尕瑙爾地方時，他就隻身遁去；之後，隱匿身分，周遊印度、尼泊爾以及康、藏、青、蒙等十年。

　　有一天，倉央嘉措途徑西藏拉薩附近一個叫拉姆拉措聖湖時，突然湖水猶如鏡面一般，顯示出一塊山色秀美、原野遼闊、福氣繚繞的地方，且顯現一個帶「阿」字的地方，後來便帶著十二位侍者來到阿拉善。

　　倉央嘉措率領隨從人員，從西寧直接來到了阿拉善，在那裡結識了班孜爾紮布台吉，也就是阿旺多爾濟的父親。阿旺多爾濟當時

才兩歲，他在倉央嘉措的懷中撒了一泡尿，倉央嘉措卻說這是極好的緣起；後來，倉央嘉措收阿旺多爾濟為弟子，並培養他成為一位才華豐溢、德行卓越的僧人，最終成為他的心子。再後來，倉央嘉措結識了名叫沙爾紮的章京（章京，相當於副旗主，是協助札薩克——旗主管理旗內行政事務的官員），與他一家人結下深厚的佛緣。

有一天，倉央嘉措在沙爾章京的家中做客，吃完晚飯後，倉央嘉措返回佛堂休息。不多長時間，施主家裡一名叫做拉吉的女僕，當她走出帳篷外面取柴火時，忽然看見大帳與供佛的帳篷之間大火騰空，於是高呼：「失火啦，失火啦！」並來回奔跑，邊跑邊叫。

這麼一鬧，家中的人們也都聞聲趕了出來。倉央嘉措聽到呼聲也忙問哪裡失火？隨後趕出帳篷外查看。之後他在火中揀起一件紅色的披單，說道：「我的披單遺落在這裡了。」邊說隨手把披單拾起纏在腰上，而那熊熊的火光瞬間消失得無影無蹤，眾人看了無不感到驚奇，等天亮後仔細一看，並沒有發生火災的痕跡。

還有一次，倉央嘉措把自己的坐騎交給章京家的一名馬夫看管，讓他放牧。這天，那馬夫把馬牽走後，備上了鞍轡，騎著倉央嘉措的馬去尋找馬群，半路上卻遇到兩隻烏鴉攻擊，嚇得他不敢再騎。第二天，馬夫回到家時，倉央嘉措正在章京家喝茶，便問那馬夫：「昨天，我在這裡看見你偷騎我的馬了。章京家裡有良駒

三百，難道就沒有一匹能供你乘坐的麼？你為何非要騎我的那一匹？」

馬夫辯解道：「這一定是什麼人向您胡說了吧，根本沒這回事，您被矇騙了吧。」倉央嘉措微笑地說道：「你休要撒謊，昨天你騎著我的馬走到河邊時，我的兩個護法化成烏鴉，在你左肩上撲了一下，又在你右肩上撲了一下，我在這裡看得一清二楚。只因不忍心傷害你，所以我才囑咐護法神要慈悲對你，不然昨天你怎能逃脫？」

聽了倉央嘉措的話後，那馬夫頓時生起敬畏和厭離之心。他趕緊爬在地上，痛哭流涕地向倉央嘉措頂禮，邊拜邊說道：「上師您老人家果然法力無邊、遍知一切！多蒙您的護念、救助，方使小人我倖免於難，實在是恩德無量。小人我懺悔自己的罪孽了！」說完不停地頂禮、叩拜。這件事讓章京及家屬對倉央嘉措都生起敬仰之心，內心更加崇信他。

像這樣的奇事，在阿拉善廣為流傳，一傳十、十傳百，最後傳到了旗王爺府。王爺的福晉（意為夫人，清代貴族婦女封號）丹顏公主聽了很奇怪，就請倉央嘉措到王府來做客，福晉想試探一下倉央嘉措到底有沒有真本事、有沒有神通？於是，她專門製作了一把十尺高的木椅請倉央嘉措就坐，說也奇怪，當倉央嘉措走過去的時候，那把高椅變得跟普通木椅一般高低，但等倉央嘉措就坐之後，

又漸漸回升到原來十尺的高度去了。福晉見了十分驚詫，但她還想再試探一次。

於是，她吩咐下人用沒有底的大瓷碗，盛滿滾燙的奶茶敬獻給倉央嘉措，倉央嘉措就從懷裡拿出念珠繞了數圈，往空中一拋，那念珠便停在木椅旁邊的半空中了；倉央嘉措接過茶碗放在念珠上，喝完了茶之後，把碗攥在手中，就如同和麵一樣揉成了一團，又把軟團兒拉成一根細繩，拴了一個吉祥結還給福晉。

此時，福晉才心悅誠服，當即拜倉央嘉措為師，並欲將自己積攢起來的頭髮，做成一隻精美的頂髻供養給上師，上面鑲嵌了各種珍寶。後來，因為還缺少一些髮絲，遂私下將頭上的髮絲剪下來一絡補足，製成了如同天神一般莊嚴的頂髻獻給倉央嘉措，以示虔誠——據稱，福晉用她頭髮做的頂髻至今還供奉在南寺大殿裡。

還有一椿奇特的事，有座名叫欣巴華寺，它的大殿內有三座壇城，倉央嘉措有一次曾示現神通，從中間一座壇城的東門進、從南門出來，又從南門進西門出、西門進北門出，這些門都是很小的，普通人連頭都伸不進去的，但倉央嘉措卻通行無阻，所以人們對倉央嘉措都佩服得五體投地。

據說，還有很多類似的故事，如將手足的印跡留在石頭上；以神通力淩空渡過大江；以及穩身之法等，可以說是數不勝數。這些都是倉央嘉措針對不同的根器與救拔物件，而用不同的方法加以調伏或度化──這些事傳到阿寶王爺的耳朵後，自然又讓他心生敬意了。

王爺懾服願為護法

話說，沙爾紮章京因與倉央嘉措有緣，所以見到倉央嘉措後十分歡喜，對他的修行更是深信不疑。

前面講到，倉央嘉措度化了章京的放馬僕人後，這件事傳得很遠。第二天，匝喀如格旗的旗主去謁見阿寶王爺時，把他親眼見到倉央嘉措的異行奇跡，詳詳細細、滔滔不絕地講了一番。王爺聽後大為讚歎，說道：「如果真如你所說的這樣，我一定要供養他！」說完歡喜不已。

第三天，阿寶王爺便打發沙爾紮章京為首的數名長者去迎接倉央嘉措，並把自己乘坐的一匹白玉般的寶馬備齊鞍轡，交給眾人帶去，懇請倉央嘉措務必大駕光臨。倉央嘉措應其所請，蒞臨王府。王爺因前世善業的福力，所以一見倉央嘉措便生起無限歡喜和敬信之心。隨即向倉央嘉措頂禮叩拜，奉獻了哈達，並領受倉央嘉措的摩頂賜福。

之後，阿寶王爺把倉央嘉措請到高座之上，向他獻上了香茶和精美珍貴的食物，葷素都有，並將迎接倉央嘉措那匹白玉般寶馬贈送給倉央嘉措。後來，王爺甚至開口說道：「在我與夫人丹顏格格管轄的這片封地上，就請您擔任我們全體的上師吧，今生今世不要分離！更要請您保佑小兒能得長壽。」倉央嘉措知道，王爺以及這片領地上的一切眾生，全是自己前世已經許願要度化的有緣眾生，因而應允道：「我既在蒙古地方居住，自然願意做你們的上師，也願意為你們一切人等謀今生來世的利益而祈福，特別是護佑你家公子，這些都是我應該做的。」

那時，阿寶王爺請倉央嘉措居住一所寬敞精美的帳篷，裡面的鋪設潔淨雅致，所從養的都是最好的。

感動公主禮拜上師

前面提到，阿寶王爺的夫人丹顏格格曾幾次試探倉央嘉措是不是真正有證悟的上師，以下有個故事也很有代表性。

有一次，在王爺家中時，雖然有了幾次試探，但丹顏格格還是不把倉央嘉措放在眼裡。有一天的早上，倉央嘉措正在跏趺而坐、虔誠誦經時，丹顏格格突然帶著下人和丫環前來，然後她讓下人把錦墊鋪了七層，以氣勢凌人、傲慢無比的心態坐在上面，之後才開口說道：「我來瞧你大喇嘛來啦，雖然大夥兒都說你這位大喇嘛有

兩下子，可我不能就這樣隨便當真，除非你能在我跟前顯顯神通，我就發誓一輩子甘當你的護法；要是你露不出什麼真本事來，那麼門前這條寬敞的大路上跟你這般模樣的行腳僧，老老少少可多呢，那有沒什麼稀罕的！」說罷，丹顏格格捧起一根長長的煙杆，吧噠吧噠地吸著，一邊期待地看著倉央嘉措。

當時，倉央嘉措並沒有回答丹顏格格的話，而緊緊地閉著雙眼，誦經也沒有停止。正好這時，有一位王爺供養的僧人前來獻茶，他把茶水倒在一隻長柄的瓷杯裡，然後再奉送到倉央嘉措的手中。

倉央嘉措接過茶杯後，如同揉捏泥巴一樣，把杯子弄成一個雞蛋般的圓球，又用雙手往左右兩邊一扯，就像拉麵一般拉成一根一尺左右的長條；然後，又捏成一個圓球，向上扔到空中，那球兒先是從帳篷上方的窟窿飛出約一箭之遙，然後又從帳篷的中央掉下來，正好落在倉央嘉措手裡。這時，那只茶杯依然還是原先的瓷杯，不破不裂、不偏不歪，還是端端正正、滿滿地裝著一杯清茶，眾人見到此情此景全都驚呆了。

西藏有句俗話說：「凡夫俗子一見到神通變化就會立即折服。」那位丹顏格格見到倉央嘉措大顯神通，慌忙從座位滾落下來，雙膝跪在地上，一邊哭著一邊磕著頭。然後，她把頭上、頸上所有戴著的珍寶首飾全都卸下來，獻至倉央嘉措手裡，以表示敬意。

倉央嘉措推辭道：「我一個行腳的僧人，要女人的飾物幹什麼？何況是妳格格的珍寶飾物，我更不可能接受！」雖然如此，丹顏格格還是執意要送，說是為了表達她的一片誠心，請倉央嘉措務必笑納。卻不過情面，倉央嘉措只好收了下來——就這樣，倉央嘉措以慈悲之心和不可思議的神通力感動了格格，並收格格為皈依弟子。

從此，那位丹顏格格變得極為虔誠，她將自己的頭髮積攢起來，做成了一隻精美的頂髻，上面鑲嵌了各種珍寶，後來還因為還缺少一些髮絲，遂私下將頭上的髮絲剪下來一綹補足，製成了一頂莊嚴的髮髻。同時，還製作了與之相匹配的還有五佛冠、上下衣服等全套服飾；還有貂絨大袍一件，香木摺扇一對，綢緞錦褥一雙，錦墊幾個，大、小靠墊幾隻，這些物品都飾以流蘇彩繡，上面繡著花紋。

此外，還供養各式各樣的銀製器皿、四季服裝、一串價值紋銀幾千兩的念珠、金色的錦緞、貂皮風帽以及靴子等物。總之，凡是高僧大德所應配備的日常用品應有盡有，全部奉獻、供養，從而成了阿拉善全境無人能比的大施主。

從那以後，應王爺、福晉、格格和眾人的邀請，做了各種佛事，滿足了施主們的心願，這樣大約用了兩個月的時間。

皇帝賜封「達格布呼圖克圖」

倉央嘉措，漢語意譯為「善慧寶梵音海」。關於他「受封」及姓名考證之事，最詳細莫若賈拉森所著《關於所謂的〈倉央嘉措秘傳〉》一文，筆者摘其精華部分，以供讀者觀閱！

「由於六世達賴喇嘛羅桑仁欽・倉央嘉措奇特的經歷和神秘的傳說，學界內外人士都想找到一部他的完整而可靠的傳記，尤其是在對他的後半生的經歷，存在著截然不同的說法，至今沒有一個公認的定論的情況下。完整的傳記是阿拉善蒙古族僧人阿旺倫珠達爾吉（即拉尊達爾吉諾們汗）所著的《一切知語自在法稱海妙吉祥傳記──殊異聖行妙音天界琵琶音》，可簡稱《倉央嘉措傳》或《六世達賴喇嘛傳》。

據我所知，對六世達賴喇嘛一生所做的傳記，它是唯一的一部。因為書名中說是『阿旺曲紮嘉措（ngag dbang cos drags qdya mtsho）（漢義：語自在法稱海）傳記』，也許有人不知為何與六世達賴喇嘛的名字不同。「阿旺曲紮嘉措」是六世達賴喇嘛隱姓埋名流浪時所用的假名。這在本傳記中交待的已經很清楚。甚至在本傳記中出現了把六世達賴喇嘛名字的上半部分『羅桑仁欽（blo bzang rin chen）』和該別名的後半部分『曲紮嘉措（cos drags qdya mtsho）』連用的情況（請參見該傳記卷首禮贊詩第一段）。這部傳記在貢卻乎丹巴饒吉（dkon mcog bstan pa rab rgyas）所作的《安多政教史（mdo smad cos vbyung）》中被稱作『達爾吉諾們汗（dar rgyas no mon han）著《倉央氏傳（tshang dbyangs pavi rnam thar）》』（請參見吳均等人漢譯的《安多政教史（mdo smad cos vbyung）》13頁，甘肅民族出版社，1989‧4，蘭州）。達木卻嘉木蘇（dam chos rgya mtso），即達爾瑪達喇（dhar ma ta la）的《蒙古政教史（hor chos vbyung）》關於六世達賴喇嘛的記載和本傳記的記載是一致的（請參見何‧全布勒（he‧chos vphel）蒙譯本第222—237頁，民族出版社會1996‧3，北京）。

六世達賴喇嘛1707年在青海出走到1746年在阿拉善圓寂這段時間內六世達賴喇嘛以『大布喇嘛（dwags po bla ma）』或『大布夏仲（dwags po zhabs drung）』的名義在阿拉善和安多活動，而不是其他的人冒充六世達賴喇嘛的名義活動。這是國內很多著名學者和佛教界內公認的看法。關於『大布喇嘛（dwags po bla ma）』、『大布夏仲（dwags po zhabs drung）』等名稱的來歷，在本傳記中已經有明確的交待，這裡不需要作說明。需要說明的是六世達賴喇嘛在《安多政教史》等著作中為什麼被稱作『袞卓貢瑪』（kun grol gong ma，漢義：上世袞卓活佛）。（《安多政教史》藏文版，甘肅人民出版社。）六世達賴喇嘛圓寂後達爾吉諾們汗在阿拉善確認了他的轉世活佛羅桑圖丹嘉措，此人曾受封『達格布呼圖克圖（dwags po ho thog thu）』（以印章為證，實物存南寺，達格布呼圖克圖印章圖載於朝洛蒙編著《蒙文篆刻》第78頁，內蒙古教育出版社，

1996・1，呼和浩特）、『袞卓諾們汗（kun grol no mon han）』（以
袞卓諾們汗印章圖為證，載於本人著《緣起南寺》114 頁，內蒙古
大學出版社，2003・8，呼和浩特。實物已失，這是蓋於南寺第五
世達格布呼圖克圖制定的石門寺寺規上的一枚印）等稱號。因此有
人稱他的上一世為『袞卓貢瑪（kun grol gong ma）』。

　　這部傳記為什麼以『秘傳』的名字流傳於世呢？這裡只能有一
個解釋，這是由於將六世達賴喇嘛傳《妙音天界琵琶音》在拉薩刻
版的過程中每一頁的書眉上錯誤地寫上了『秘傳（gsang rnam）』
二字而引起的。原南寺版本的書名到後記全著中找不出一處「秘傳」
字樣。謄寫版樣的人為什麼寫了那兩個字，有什麼用意，暫不得而
知，但很明顯是寫錯了。因為經卷橫眉處習慣上寫該書的簡稱，而
這個簡稱一般是其全稱所包含的詞語。但不但從《倉央嘉措傳》的
全稱中找不到『秘傳』字樣，而且整個書中都找不到稱該書為『秘
傳』的地方，再說南寺版本橫眉處也不俱『秘傳』二字。就算書中
出現過『三秘事業』的字樣，但稍有佛教常識的人都知道它是非常
普通不過的一般概念，和書名無關。[1]」

　　由上文可知，倉央嘉措圓寂後，達爾吉諾門汗在阿拉善確認了
他的「轉世」活佛──羅桑圖丹嘉措，此人曾受朝廷授予的「達格

註1　原文載於《內蒙古大學報》2005 第一期。

布呼圖克圖」封號。倉央嘉措的各代轉世大多都受到達賴、班禪授予的「伊拉古克桑班迪貢卓諾門汗」封號。

在南寺，倉央嘉措被尊為「德頂格根」，格根即活佛之意；而且，南寺的格根是阿拉善盟地區最大的格根，還有一尊號為「嘉勒色來格根」。倉央嘉措與親自建寺的第巴桑結嘉措的「化身」阿旺多爾濟都以「格根轉世」的形式傳了下來，分別傳至第五世、第六世。

第十三章

不可思議的涅槃勝況

示現病容預知時至

　　1746 年，倉央嘉措在阿拉善旗騰格裡沙漠門吉林寺（承慶寺）的所在地——霍特布日林高勒圓寂，享年六十四歲，其法體被供養在朝克圖庫熱廟（即昭華寺）。

　　倉央嘉措去世後，1756 年，他的大弟子阿旺多爾濟主持修建了賀蘭山南寺，最早取名叫「潘代嘉措林」（利樂海寺），後將倉央嘉措的肉身法體從朝克圖庫熱廟遷移到南寺，並建鍍金寶塔供奉。1760 年，清朝皇帝御賜「廣宗寺」牌匾，其肉身遺體保存了兩百餘年，可惜在文革中被毀，今僅存舍利塔。

　　在佛教的理論認為「人死不等於燈滅」；高僧去世，佛教稱之為圓寂。其實，在倉央嘉措去世之前的種種跡象表明，他知道自己什麼時候要離開人世（圓寂）。1742 年，在賽科寺時，護法神曾預示當年應做消災的法事，因此各地的寺院念了億遍「延壽咒」、百遍《甘珠爾》經典，做這些佛事的目的就是為倉央嘉措消災延壽。

到 1743 年，倉央嘉措的情況也不大好，阿旺多爾濟又讓朵買地區的大多數寺院做了佛事，以祈願倉央嘉措能多住人世幾年。倉央嘉措也說過：「今年雖然是最兇險的一關，但是有經懺佛事及諸佛菩薩加持力頂著，幾年內是不用擔心死亡的。」

1744 年，倉央嘉措巡視各個寺院時，曾經對那些前來祈求摩頂賜福的老人們說道：「這次各位要仔細地看看我，並好好記在心裡，因為人命無常，恐怕今後難以相見啊！」這些話也說明倉央嘉措似乎知道自己將不久於人世。1745 年農曆 10 月 20 日，倉央嘉措回到蒙古地區阿拉善盟阿拉善旗霍特布日林高勒（騰格裡沙漠中）的門吉林寺（即承慶寺），剛回到寺院一落座，高興地說道：「這次我心安了！」並露出欣慰的表情。按佛教的說法，這是他很快要離開人世的徵兆。

從 26 日起，他開始示現病容。從前的每次「傳召法會」，初八日的祭禮都是由內侍擔任，十五日的祭奉是由他的弟子阿旺多爾濟獻供，但這一次倉央嘉措又格外地囑咐阿旺多爾濟道：「今年的緣起較為特殊，初八日正是上弦月日漸充滿之時，尤其重要的是佛陀降伏外道的吉日，因此這次由你來擔任獻祭；十五日是月亮滿盈之時，這次就由我來主持吧！」這些話明顯地有些不顯常，可以看作是倉央嘉措即將逝世的徵兆。

1746年4月的最後一日，寺院為那些新裝臟的佛像舉行「開光」儀式。之後，倉央嘉措令弟子阿旺多爾濟將他自己親用的金剛鈴、杵和長耳帽等物送給夏魯巴大師，請他為法教及眾生而努力；又把另外一對金剛鈴、杵獻給了一位甘丹的赤巴（是掌管全寺一切宗教活動或事務的負責人，由最有學問與德性的高僧擔任）。

做完這些事情之後，倉央嘉措說道：「吉祥的事業都做完了，我今生的事業也就功德圓滿。」阿旺多爾濟再三地懇求多住世幾年，但都沒有得到允許；當天下午，倉央嘉措吩咐阿旺多爾濟要進藏辦理應該完成的事，以及寺院的事，一切都安排詳盡後才顯得輕鬆。

初七日，倉央嘉措的病情稍緩，所有的人都一齊誦經為他祈壽；同時，阿旺多爾濟打發人到地方官府及各寺院去送信，傳遞倉央嘉措可能要圓寂的資訊。

當天晚上，倉央嘉措病情稍安，便對阿旺多爾濟說道：「這回不妙，但關係不太大。」又說：「先前我對你的恩深，如今你對我的恩重，真捨不得你啊！」說完之後，感到十分地不捨和悲傷；快天亮的時候，又對阿旺多爾濟說道：「今天是時候了！」這就說明他臨終前十分清楚自己的狀況，甚至具體死亡的時間。

不久，倉央嘉措與弟子阿旺多爾濟一起誦起了「長生咒」，誦著誦著，倉央嘉措的身軀忽然伸直了，金剛跏趺也散開了，變成了菩薩跏趺的姿勢，以觀音體性的姿態往生到他方佛土去了。

左肘流出透明甘露

前面說到，倉央嘉措能預知自己的死亡時間。除此之外，還有其他不同一般的情景，就是身流「甘露」的現象。

關於遺體的安置問題，倉央嘉措生前就曾談論過。有一次，他看到一座塔存放有靈骨，便對弟子阿旺多爾濟說：「他們都是修持極好、地位甚高的修行人，若將遺體完整地保存起來，功德力就更大了。」又有一次，曲吉醫生在倉央嘉措駕前談到敦珠活佛的遺體流出「甘露」之事，倉央嘉措道：「流出甘露水自然奇妙，還有流出油的呢，那才是真的甘露！」對倉央嘉措所說的這些話，身邊的人都沒有留意，更沒有想是什麼意思。後來，當倉央嘉措圓寂之後，弟子們才想起來，於是一致決定將遺體完整保存。

據記載，當倉央嘉措六十四歲時，臨終前他吞服一顆舍利子後，口誦「長生咒」，最後以菩薩跏趺坐姿而圓寂。接下來的十九天，從他遺體的左肘流下各色透明油質液體，雖然當時正好是酷夏，但遺體絲毫未有顯出腐爛的樣子或味道——這就是神奇的「流甘露」現象，說明他的修證功夫很不一般。

後來，弟子們將他的遺體安置於靈塔內供奉，經歷數次動亂與災害，還曾幾度從塔內取出裝入木龕中以便轉移。直至 1966 年「文化大革命」時期，前後歷經 220 年之久，他的遺體四肢、內臟仍完好無損，這是多人目睹的事實。在「文化大革命」時期，倉央嘉措的遺體逼迫在寺院旁邊火化；之後，僧眾們檢其靈骨、骨灰，修建了一座荼毗塔，此塔現存於廣宗寺。

肉身不壞生死自在

三百年來，倉央嘉措迄今仍為人們深深懷念著。人們多半相信他行至青海湖畔時並沒有去世，而認出他是悄然遁去，周遊印、尼、康、藏等地十年後，駐錫在內蒙古阿拉善旗，後示寂於此地。

按史料說，倉央嘉措從拉薩解送北京的途中，在到達青海貢噶湖畔時，趁著大風迷路而獨自離去的。在周遊印度、尼泊爾、康、藏、甘肅、青海、內蒙等地十年後，於 1716 年到達阿拉善，最後定居在那裡；並在那裡廣作宏法利生的事業，利益無邊眾生，直至 1746 年在騰格裡沙漠中的承慶寺圓寂。

有學者認為：「在我為《秘傳》的真偽猶豫不決的時候，早有人沿著他的路線進行實地考察。1957 年少數民族社會歷史調查中關於內蒙古自治區阿拉善旗的一份報告表明的事實，與當地流行的有關六世達賴的身世傳說大抵相仿。阿拉善旗八大寺廟中著名的廣宗

寺，就是根據六世達賴的遺願所建，內有六世達賴遺體，供於廟中七寶裝成的切爾拉（塔式金龕）內。學者賈敬顏的考察似乎使史實更加確鑿——他見到了六世達賴的肉身塔。寺內的一件遺物，讓我們聯想起當年拉薩街頭那個沉迷情愛、放蕩不羈的年輕人，以及草原上空那些燦爛如雲朵的情歌音律。在神的居所，在法器莊嚴的寺廟，在潮水般的誦經聲裡，倉央嘉措至死不曾丟棄的一件藏品，是一位女子的一縷永不蒼老的青絲。[1]」（作者按：青絲是倉央嘉措的弟子丹顏公主奉獻的用頭髮做成的髮簪或髮塔，古代所謂「身體髮膚受之父母，不敢毀傷」，所以這是最恭敬的供養方法之一，是供養佛菩薩的表現形式之一，非祝勇先生所說那般低俗，故筆者在此略作說明。）

又有的人說：「倉央嘉措的肉身靈塔，260 年以來一直安放在阿拉善廣宗寺。1956 年中央民族學院歷史系教授賈敬顏到阿拉善盟進行社會調查時，寺僧曾出示過倉央嘉措的遺物——詳見 1957 年 5 月全國人大民委編《內蒙古自治區巴顏綽爾盟阿拉善旗情況》。[2]」

倉央嘉措留下了很多優美的詩歌，是藏族文學寶庫中的瑰寶，這是公認的事實。1746 年，南寺尚未建成時，倉央嘉措圓寂於阿拉善的承慶寺。而其弟子阿旺多爾濟更是依照他的遺囑，修建了廣宗寺。

註 1　見《倉央嘉措的另類夢想》一文，祝勇著，2007 年，來源：網路。
註 2　《關於倉央嘉措結局四種說法的辨析》，信理著，2005 年，來源：網路。

廣宗寺是阿拉善旗最大的寺院，也是信眾嚮往、信仰依託的地方，寺中聚集了大量有歷史價值的珍貴佛像、佛經和佛教文物、佛教藝術品，還聚集了精通佛教顯、密二宗教規的高僧大德，對當地的佛教傳播與人心教化，起來到極大作用，而這也是得益於倉央嘉措的度化——其中，肉身不壞是一種極有說服力的教化。

　　肉身不壞，至今依然是一個未解的現象。按佛家的說法，修行人如果修證功夫深的話，是可以預先知道死亡的時間，甚至能達到生死自在、隨願去來的境界。當然，在現在的科技時代這也許只是傳說或未解之謎，那就等待科學解釋的那一天吧！

再次轉生為德頂格根一世

　　六道輪迴、再次投生是佛教中常見的理論與詞彙。佛教認為，人的生命不只是短短幾十年，人有無量的前世今生，只要沒有解脫，就會一再轉世；或為人，或為動物，或為鬼，或為神。而也有另種說法，就是修行人如果修得好，就可以生死自在、隨願往生或乘願再來——西藏的「活佛轉世」即是其中方式之一，這在西藏是神聖而崇高的，而且是普遍認同與崇信的。

　　倉央嘉措剛到阿拉善時，就曾說過：「有朝一日，我的身世必將大白於天下，我終將為世人所讚歎、羨慕和稱奇的，也終將為大

家所崇拜和敬信。這一時刻一定會來的，但是不能太過著急。[3]」說明他對將來的成就心中早有預知，也證實他的做法是符合佛家所說的因緣——一切都有它的因緣果報。

之後，當倉央嘉措表現出預知生死時，就可以了知他將會再度轉世而來這個人間，繼續他的度生事業；而生命結束的那一刻，他走的很自在，也很瀟灑，這就證實他有自在轉生的能力；平時所顯的神通，以及死後身流甘露的示現，也說明他的證量足以再度投生、自在轉世，於是便有了德頂格根的轉世活佛體系。

「活佛轉世」制度在西藏是很普遍的，除班禪、達賴體系之外，還有大大小小上百個轉世體系，這些都受到藏傳佛教徒的信仰與崇敬。那頗具爭議及後半生懸而不定的倉央嘉措，後世如何來看他的呢？

有一位藏傳佛教高僧對其評價為：「六世達賴以世間法讓俗人看到了出世法中廣大的精神世界，他的詩歌和歌曲淨化了一代又一代人的心靈。他用最真誠的慈悲讓俗人感受到了佛法並不是高不可及，他的特立獨行讓我們領受到了真正的教益！」這段話可以說是代表了不少藏傳佛教信眾的心聲，他們對六世達賴始終保持虔信和敬仰的心，絲毫沒有懷疑與褻瀆之念，三百年來一直如此。

註3 詳情見《倉央嘉措傳》，清‧阿旺多爾濟著，莊晶、于道泉等譯。

而在全國人民代表大會民族委員會 1957 年 5 月所編的《內蒙古自治區巴彥爾盟阿拉善旗情況》中也有如下的介紹：

　　行抵袞噶瑙後，六世達賴於風雪夜中倐然遁去。先往青海，復返西藏，最後來到阿拉善旗班孜爾紮布台吉家，時為清・康熙五十五年（1716 年）。倉央嘉措三十四歲以後收班孜爾紮布台吉的兒子阿旺多爾濟為徒，並在當地弘揚佛法，於清・乾隆十一年（1746 年）六十四歲時坐化。阿拉善旗有八大寺廟，據說其中著名的廣宗寺（建成於 1757 年，位於賀蘭山中）即阿旺多爾濟遵六世達賴的遺願所建，內有六世達賴的遺體，供於廟中七寶裝成的切爾拉（塔式金龕）內；尊倉央嘉措為該寺的第一代格根（即上師），名「德頂格根」，阿旺多爾濟任第一代「喇嘛坦」。另傳，甘肅中衛的一個漢人，因敬奉六世而得子，便替他修了一座廟，廟名朝克圖庫勒（藏語名「班第紮木吉陵」），即八大寺之一的昭化寺，六世達賴坐化後，遺體也曾浮厝於此廟。

　　倉央嘉措在阿拉善地區圓寂後，又在當地進行轉世──即第二代格根羅桑圖布丹嘉木蘇，俗稱「溫都爾格根」──據稱，倉央嘉措的後半生即是如本書所說，他同樣以轉世的形式將這一脈傳承了下來。

相關資料稱，到 1944 年時，他又轉世到了第六世；1958 年，第六世格根離開廣宗寺後，去向不明，具體如何，還有待專家去挖掘與考證。

✠ 詩 歌 篇 ✠

❧ 前言一 ❧

以歌傳道知多少？

　　讀中國文學史可知，中國詩歌源出《詩經》、《楚辭》，而後經漢樂府之流變，至唐而注重對仗格律，於是中華詩歌繁榮至極；至兩宋而有詞之創新，且成時尚，因而唐詩、宋詞遂成中華文學的兩大奇異風景；後有元曲、清對聯，是為中華文明一脈之相承。故古人吟詩作對、寫（毛筆）字作畫，定是人生必修之課。在唐、宋詩歌藝林中，佛教的禪詩影響較大，佔有極為重要的一席。故禪詩雖不足以奪李、杜、蘇、黃等人之席，但同樣也是詩中的別調。據統計，唐宋時期的禪詩大致在三萬首以上。

　　在我國古代詩歌的黃金時期——唐代及稍後一段時間裡表現尤為明顯。唐至五代，有據可查的僧人詩集就達四十餘部，出現了以王梵志、皎然、齊己、貫休、寒山、拾得為代表的一批詩僧，詩作豐富，成就斐然。又如，大詩人李白因晚年喜好學佛參禪，自號「青蓮居士」。舉凡王維、蘇軾、黃庭堅、白居易、李商隱等大詩人或大文學家，多與佛教有甚深交往或因緣，可見佛教影響之巨，故說佛教是中國傳統文化之三大基石是有根源的。還有的甚至出家為

僧，或從僧返俗，如近現代的太虛大師、弘一法師（李叔同）、蘇曼殊、清定上師、隆蓮尼師等，這些佛教高士，其才氣與背景讓人讀罷不禁佩服與感動。

再如，宋代著名禪師普明所作的「牧牛圖頌」，可謂禪詩中佼佼者之一。正如古人評論他：其詩「言近而旨遠」，其圖「象顯而意深」一樣，深受廣大學者或參禪者所珍愛，唱和者亦代不乏人，甚至遠至日本；酬唱之作達兩百餘首，如此數量在詩歌史上實屬罕見。

以歌傳道的方法，自古以來都很盛行。古時，因無筆墨，又無紙張，所以文化傳承全靠口耳相傳；而為了便於記憶，往往採取對仗工整、音律押韻的詩歌方式相授，於是就有了詩歌或戲曲，如古印度的《四畎陀》、中國的《詩經》等。佛教中則有更多的例子，如《六祖壇經》中的偈頌：「身是菩提樹，心如明鏡台；時時勤拂拭，莫使惹塵埃。」、「菩提本無樹、明鏡亦非台；本來無一物，何處惹塵埃。」，很多人都耳熟能詳。又如南北朝・齊・傅翕（傅大士）的《心王銘》、唐・玄覺（永嘉）禪師的《永嘉證道歌》、宋・普明禪師的《牧牛圖頌》；再者，如西藏的《密勒日巴尊者歌集》、《倉央嘉措詩歌集》等，這些都是流傳千古、膾炙人口的著作。

在此，筆者摘錄一些禪宗著名的偈頌或禪詩，以供讀者欣賞、閱讀，若能從中得悟人生究竟，或開拓心胸，則是我所意想不到的；若能從中參透佛理，從此對人生有了更深層的體悟，或增加正見、或增益智慧，筆者當隨喜祝福，於所禱！

正如曾緘先生所說的那樣：「倉央嘉措既長，儀容瑋畏，神采秀髮，賦性通脫⋯⋯倉央嘉措學贍才高，在諸世達賴中最為傑出，故屢遭挫辱，猶為藏人愛戴。」、其「歌曲流傳至廣，環拉薩數千里，家弦而戶誦之⋯⋯」、「情辭悱麗，餘韻欲流⋯⋯誠有令人動魄驚心者也。⋯⋯故倉央嘉措者，詞壇之功臣，言情者之所歸命也」、「千佛出世，不如一詩聖誕生」可見他的詩歌極具魅力，稱其為「雪域詩聖」實在是名副其實。

後世的一位藏傳佛教高僧對其評價為：「六世達賴以世間法讓俗人看到了出世法中廣大的精神世界，他的詩歌和歌曲淨化了一代又一代人的心靈。他用最真誠的慈悲讓俗人感受到了佛法並不是高不可及，他的特立獨行讓我們領受到了真正的教益！」可以說是代表了不少藏傳佛教信眾的心聲。他們對六世達賴始終保持虔信和敬仰的心，絲毫沒有懷疑與褻瀆之念，從中即可窺見倉央嘉措過人之處！

詩歌亦道歌

　　倉央嘉措的詩歌，在藏族及蒙族中廣為傳唱，流傳了三百餘年經久不衰，成為名副其實的「雪域詩王」、「一代詩聖」[1]。現今，由於資訊的便利與快捷，倉央嘉措的詩歌現已傳遍全世界，稱其為「西藏詩聖」，應該說是當之無愧的。

　　筆者編輯此書的目的，是想給倉央嘉措一個合理的評價，並促成他在近代史上有一個合理的歷史定位。這裡主要選編了流傳甚廣的幾個版本（流傳的版本中多，以「情歌」而非詩歌來稱呼倉央嘉措的詩集），彙編的資料主要是便於讀者欣賞、查找和對照；同時，筆者在編輯這些詩歌時，根據自己的喜好作了些點評，權當是個人的「讀書隨筆」，僅供讀者參考。在這些彙編的詩歌中，據一位中國著名的蒙古語言學者的說法，劉家駒、蘇朗甲措、周良沛、于道泉等人所翻譯的較為準確[2]，即比較尊重原著（即不論境界高低、文詞優劣，只論是否符合原著作品的原意）。

自古以來，詩詞歌賦是表達人類心靈或哲理的最美方式之一，是以世界各地或各國流傳著的膾炙人口、流傳千古的詩歌，比如中國儒家的《詩經》、《離騷》、《唐詩三百首》、《爾雅》、《毛詩》、《笠翁對韻》、《千家詩》等；印度的《吠陀經》[3]、《梵書》[4]、《奧義書》[5]、《薄伽梵歌（The Bhagavad-Gita）》[6]、《羅摩衍那（梵Ramayana）》[7]、《摩訶婆羅多（梵名Mahabharata）》[8]等；西方的《莎士比亞十四行詩》等。

　　我國漢地佛教就更多了，比如《信心銘》（禪宗三祖僧璨大師）、《心銘》（牛頭法融禪師）、《心王銘》（傅翕，即南北朝時期傅大士）、《費閑歌》（憨山德清）、《息心銘》（梁・釋亡名）、《永嘉證道歌》（唐・玄覺）、《觀心銘》（明・憨山德清）等。藏傳佛教除《六世達賴詩歌》外，以西藏聖人密勒日巴[9]的《密勒日巴大師詩集》最為有名。

　　中國自古以來，文化傳承多以文言文為主，說話、寫文章都是用文言文，傳統文化（如儒家的經、史、子、集，佛家的《大藏經》，道家的《道藏》等）幾乎全是用文言文編撰、保存下來的，普遍用白話文還是近百年的事。而文言體裁的文章中，詩詞歌賦又占相當大的份量，這些文章自然要求音韻、對仗，故許多文章如詩如歌，既有音韻旋律，又有豐富內涵，正如「藏密成就第一人」密勒日巴的弟子歌讚他一樣：「尊本隱世成就者，超越凡夫之聖人，千載難逢似佛陀，說稀有法佛化身。」

所謂「多情即佛子，欲重生娑婆」，若情不為欲之所駕馭，則非聖即賢；若能克己復禮、淡化私欲，自能位列諸賢。而作聖作賢也非難事，只將私情濁欲化為博愛法欲，自能與賢者比肩。佛教講多情大愛，即慈攝六道，悲濟群生，非指風流多情、縱欲享樂。按佛教教義所說，學佛修道，先得超越肉體欲望、捨棄世俗情愛、欣慕解脫法喜，方可行菩薩道利濟眾生。

正如古人言：「『詩言志，歌永言。聲依永，律和聲。』（《尚書》）《詩序》曰：『在心為志，發言為詩。情動於中而形於言，言之不足，故嗟歎之；嗟歎之不足，故詠歌之。[10]」大舜雲：「『詩言志，歌永言。』聖謀所析，義已明矣。是以在心為志，發言為詩，舒文載實，其在茲乎！詩者，持也，持人情性；三百之蔽，義歸無邪，持之為訓，有符焉爾。[11]」「《樂記》曰：『詩言其志，歌詠其聲，舞動其容，三者本於心，然後樂器從之。』」、「《尚書》曰：『詩言志，歌永言。』永者，長言之不足，而又嗟歎之。若非音節抑揚抗墜，情意宛轉纏綿，何由合永字之義。[12]」由此可以得知，凡詩歌能感動人者，必有超人一等的志向（或理想）在，故能讓人動心、動情，乃至動容！倉央嘉措的詩歌，能在藏、蒙兩地廣為傳唱——現在又為漢地及東、西方人們共所青睞，說明他的詩歌極具魅力，自然它的超人之處和美感所在，決非凡俗之人所誤解的那般膚淺和庸俗！

何況，就版本論之，有五十餘首，有六、七十餘首，也有百首乃到千首之多，據不少學者考證，五十至七十餘首為倉央嘉措之原創似合乎情理（拉薩版木刻本《倉央嘉措傳記》中集詩六十二首），其他則為民歌彙集而或假借六世達賴之名所為附會，偽作之詩歌自不必談論。倉央嘉措的才華是舉世公認，正如一位朝山的客人評價一般：「他不僅是西藏歷史上一位傑出的宗教精神領袖，還是一位才華橫溢的浪漫主義詩人，對西藏的文學發展做出了重要貢獻。[13]」

關於倉央嘉措的詩歌，許多出版的作者稱之為「情歌」，這是不對的。著名藏學研究者降邊嘉措先生曾說過：「在藏語中，原文是『倉央嘉措古魯』，是『道歌』的意思。藏語裡沒有叫『倉央嘉措情歌』的，是漢族人解讀成情歌的。」、「倉央嘉措情歌的偽作與誤傳一直都存在⋯⋯一些在網友間流傳甚廣、被稱作『倉央嘉措最美的詩句』，都與他毫無關係。[14]」

筆者編輯此書，目的是想促使六世達賴還原其歷史真貌，還原其清名亮節、給予其「正確的歷史定位，澄清史實」[15]。即使筆者所作收效甚微或只起到些拋磚引玉的作用，內心也是高興的。並非因個人之信仰而袒護倉央嘉措，而是想就生命的問題作些深入的思考和研究。在生命科學高度發展的今天，希望能帶給人們一些較會深刻而且有深度的事例，以及更多、更深的思維方式，以期人類早日認識生命本源及宇宙本源的問題。

後面所附幾則禪宗的詩歌（或稱悟道詩），只為了讓讀者領略高僧的超凡心情和體會禪詩的美感，因佛教影響中國傳統的儒、道兩家文化極大，特別是對文學、藝術及心性的影響更非一言所能述盡，故摘錄於後，以期對當今浮燥之人心帶來一分清涼、一分寬慰和開解！或許，不失為一劑開解人心的精神良藥──於此述說短篇，權作引言吧！

　　筆者所說的點評與欣析，只是出於個人愛好，並不代表我對詩懂多少，權當是個人讀詩筆記吧！只是筆者限於水準，錯謬處在所難免，尚祈方家指正！

註 1　見筆者最近的兩首短詩：「雪域詩聖，莫測修證；以歌傳道，廣宣法聲。」、「一代詩王，半生滄桑；隱姓埋名，默化洪荒。」以及信理所著《關於倉央嘉措結局四種說法的辨析》一文。

註 2　根據我國著名語言學者賈拉森教授的說法：「『在那東山頂上，升起了皎潔的月亮；嬌娘的臉蛋，浮現在我的心上。』……原文可直譯為「未生阿媽的面容（臉的敬語）」。劉家駒、蘇朗甲措、周良沛尊重原作，翻譯基本準確；于道泉譯文正確，但加了一個多餘的「指少女」的注解」（《從倉央嘉措一首詩看倉央嘉措詩歌的所謂的「情」》）。

註 3　吠陀，梵 Veda，巴 Veda，藏 Rig-byed，是古印度婆羅門教根本聖典的總稱，也是現存印度最古的文獻群；音譯又作韋陀、圍陀、毗陀。「veda」一語系由動詞「vid」（意為知）所衍生的名詞，意為知識──尤指宗教方面的知識、神聖的知識，後來轉指宗教知識方面之文獻，此類文獻的成立與婆羅門教的祭儀有密切的關連。吠陀文獻原有三種，即《梨俱吠陀（Rg-veda）》、《沙摩吠陀（Sama-veda）》、《夜柔吠陀（Yajur-veda）》。其中，1、《梨俱吠陀》系讚歌之結集，成立最早，約在西元前 1200 年前後。2、《沙摩吠陀》系配有一定旋律而吟唱的歌詞集。3、《夜柔吠陀》系舉行祭儀時所誦咒文的集錄。此三者總稱為「三吠陀」（或三明）。此外，另有《阿闥婆吠陀》，系禳災招福等咒詞之集成。此種吠陀與民間信仰有深切關係，原不具有吠陀的正統身份，到後來才獲得「第四吠陀」的位置。此上四種吠陀一一皆包含本集（Samhita）、梵書（Brahmana）、森林書（Aranyaka）、奧義書（Upanisad）等四部分，但通常在言及吠陀時，大多單指「本集」而言。又，相傳這些吠陀聖典系古印度的聖仙、神祇的啟示而作，故又稱為「天啟（Sruti）文學」；吠陀最初僅系口口相傳，並未形諸文字，後來才用以比古典梵語更為古老的吠陀語（Vedic）寫成。因此，此類文獻是學術界瞭解古代印度宗教、文化、

社會不可或缺的珍貴資料，而且對於現代印度人的精神生活仍具有甚大的影響。

註4　梵書，梵名 Brahmana。音譯婆羅門那，是解釋婆羅門教吠陀聖典之文獻。吠陀，狹義指四吠陀之本集（梵 Samhita）；廣義則合本集及梵書（廣義），總稱「吠陀」。梵書為婆羅門教奠定了吠陀天啟、祭祀萬能、婆羅門至上三大綱領。吠陀本集包括祭儀時讀誦之讚歌、祭詞、咒詞。梵書亦有廣義、狹義之分：規定祭儀之實踐方法，或解釋讚歌、祭詞之意義，說明祭祀之起源、祕義者，屬「廣義之梵書」，其內容可分為梵書（狹義）、森林書（梵 Aranyaka）、奧義書（梵 Upanisad）三部分；這其中，梵書（狹義）又分儀軌（梵 vidhi）與釋義（梵 artha-vada）二部分；儀軌，為規定祭祀之順序方法、讚歌之用途等；釋義，則解說讚歌之意義及語源、祭祀之起源及其意義等。森林書及奧義書則同為考察祭祀及人生之意義，二者均重理論；其中，奧義書尤深探哲理，又特名為「吠檀多（梵 Vedanta）」。梵書，是以散文體裁書寫成的、有大量之神話與傳說的篇章。梵書之成立年代約在西元前 1000 年至 600 年，即雅利安人由婆羅門文化中心之印度河流域東移至恒河平原時，乃吠陀祭儀複雜體系完全整備之時代產物。

註5　奧義書，梵名 Upanisad。音譯作優波尼沙土。為古印度之哲學書。係以梵文書寫，為師徒對坐密傳教義之書籍，故稱「奧義書」，為記述印度哲學之原本思想。印度之宗教始於對吠陀之讚頌，其後以說明用法與儀式為目的之梵書興起，其中有一章名之為「阿蘭若迦（梵 Aranyaka）」，奧義書即為說明此章而編述。阿蘭若迦之說幽微，取森林遁世者所讀誦之義而名之為《森林書》，特重形式與神學方面，而奧義書則與之相反，屬於純正哲學。其以闡釋吠陀終極意義為旨，繼續吠陀末期之哲學思想，發揮新見地，此部分又稱吠檀多（梵 Vedanta）。原意或為吠陀之最後部分，後轉解為吠陀之究竟意義，其後之發展特受重視，成為後代各派哲學之根源。後來傳本多達二百餘種，主要者有十數種，總稱《古代奧義書》，完成於紀元前 800 年至紀元前 600 年。此後十數世紀，仍有陸續增添之作，稱為《新奧義書》。以文體而言，分為古散文、散文、新散文三種，自古被視為「天啟文學（梵 Sruti）」，為印度正統婆羅門思想之淵源，亦為印度後世哲學、宗教思想之典據、主要根源。以文體而言，可分三類：1、古代散文奧義書：《Brnadaranyaka》、《ChandogyaKausitaki》、《Aitareya》、《Taittiriya》、《Kena》。2、韻文奧義書：《Isa》、《Katha》、《Kathaka》、《Svetasvatara》、《Mundaka》。3、新式散文奧義書：《Pra'sna》、《Ma-ndukya》、《MaitriMaitrayana》。本書譯本極多，最古者為波斯譯本，其後有拉丁譯、德譯、英譯、中譯、日譯本等。

註6　《薄伽梵歌》，梵名 Bhagavad-gita，又作聖伽梵歌，意譯為「世尊歌」，為古代印度之宗教詩，即《大敘事詩》（梵 Mahabharata，音譯摩訶婆羅多）第六卷毗須摩品中第二十五章至四十二章部分。其作者與著作年代不詳，約作於西元一世紀左右。或意譯為「神聖之神歌」，為印度教毗濕奴派之聖典，至今全印度教徒仍視為聖典而普遍讀誦。內容主要攝取數論、瑜伽、吠壇多三派之哲學思想與倫理觀念，宣揚通過修練瑜伽，使個體靈魂「我」及宇宙靈魂「梵」相結合，以達到脫離生死輪回之最高境界（涅槃）。即藉由阿耳柔那王子（梵 Arjuna）與毗濕奴之化身克里須那（梵 Krsna）之對話，強調無執著之行為是人類唯一應盡之道，依正智而發展出智行合一思想是趨向解脫之道的智慧方法；而易行之解脫道，則端賴於對唯一神之絕對信愛（梵 bhakti），此說遂成為毗濕奴派發展之起源。印度教哲學思想之發展，就是常以注釋薄伽梵歌之形式出現。

註7 羅摩衍那，梵Ramayana，又譯《羅摩傳》、《羅摩延書》，為印度兩大史詩之一。此詩之篇幅較另一史詩《摩訶婆羅多》小，全詩有二萬四千頌，分為七篇。相傳作者為伐爾彌吉（Valmiki，蟻垤仙人），但事實上，伐爾彌吉應只是編纂者而已。全書絕大部分完成於西元前500年至300年之間，而第一篇與第七篇則成立於西元200年左右。在這較晚出的第一篇與第七篇之中，含有甚多神話與傳說，並且由於將歷史人物的羅摩當作是毗濕奴神的化身，乃使此一史詩帶有濃厚的宗教色彩，後世遂有『羅摩崇拜』的情形發生，頗為近代印度教添放異彩。全書七篇，敘述憍薩羅國（Kosala）王子羅摩，因遭嫉而被放逐十四年；後來，為拯救被魔王擄走的王妃息姐，乃遠赴楞伽島與魔王大戰。最後，大敗魔王，夫妻團圓並且返國為王。書中故事過程曲折離奇，人物角色忠奸分明。其文體遠較《摩訶婆羅多》洗練，詞藻高雅，是後世印度美文體（kavya）作品的濫觴。本書目前在印度有三種異本傳世，即：流布本、孟加拉本、西北印度本。書中的故事不僅被改編為古典梵語文學作品，更被翻譯為印度各地之方言，以及英、日、德、爪哇、馬來亞、泰國、中國等國文字。

註8 摩訶婆羅多，梵名Mahabharata，意為偉大的婆羅多王後裔。又稱婆羅多書、大戰詩。為古代印度之民族大敘事詩。以梵文書寫，計有十八篇十萬頌附錄一萬六千頌所合成。其份量為另一敘事詩《羅摩衍那》的四倍，為世界最長之史詩。與《羅摩耶那》並稱印度二大史詩。相傳作者為毗耶娑仙人（梵Vyasa），或謂其僅為編纂者。紀元前數世紀口耳相傳，經多次修正補遺，至西元二百年始得其概要，四世紀時，始完成今日之形式。其主題為婆羅多族之後裔德雷陀叶陀（梵Dhrtarastra）與龐都（梵Pandu）兩王族為爭奪王位，展開十八日之戰爭。其年代雖不明確，然其戰爭史實則無庸置疑。

註9 密勒日巴（1040—1123），本名「兌巴嘎」，意為「聞喜」。密勒日巴的父親名叫米拉協嘉，母親名叫娘薩嘎堅。密勒日巴1040年（宋康定元年）生於貢塘（今阿裡地區吉隆巴縣西南）。他的父親本是後藏貢塘地方富商，因喜得貴子，因此給他取名為「聞喜」；後來，他有了一個妹妹。在密勒日巴七歲時候，他的父親不幸去世，當時他的母親年僅二十四歲；後來，他的伯父強行奪走了他家的所有財物。如是，他母親只得與他兄妹二人相依為命，過著極其貧困的生活；等到密勒日巴（即聞喜）長大後，就讓他出外學習苯教的詛咒之術，以期報仇雪恨。聞喜先到藏絨魯庫隆（今仁布縣境內）地方，跟隨黑咒喇嘛拉傑魯瓊學習「紅面黑面凶曜法」（苯教的一種咒術），學成之時，恰好他的伯父雍喜正給兒子娶妻舉辦結婚宴會，於是他用咒術讓房屋突然塌陷，壓死了三十五人，僅留其伯父和伯母未死。後來，他又從雅隆喇嘛雍敦綽嘉學得了「放雹法」，那一年的快秋收時，聞喜在一山谷中築壇作法施放雹術，砸毀了全村所有的莊稼；當他看到人們捶胸頓腳、哭天喊地的慘狀時，善根大發，深深懺悔不該殺人、毀稼，於是決定棄「苯」學「佛」。後拜洛紮（即妥普曲切城）高僧瑪爾巴（1012—1097）為師，這一年密勒日巴三十八歲。開始，瑪爾巴開始並不教密勒日巴任何密法，只是命他在四周山坡上修築房子和許多耕種苦活，他因經常背負石塊，背部被磨破而流血化濃，但仍勤勞不已，毫無怨言。瑪爾巴有意讓他經歷了受六年的苦行折磨，經歷了「八重」磨難，以洗他前半生所造下的罪業，之後才傳授他密法。瑪爾巴將所有的教授與密法完整的、正式地傳給了密勒日巴；又讓他從卓波隆上區來到達納普（黑馬岩洞）中閉關專修。就這樣，密勒日巴在師尊前先後修行了近七年。四十五歲那年（1084年），他回到家鄉探親，才知道母親幾年前已經去世了，妹妹討飯也不知道去向。悲傷之下，密勒日巴遂到阿裡地區隱居潛修，長期以野蕁麻為食，刻苦精勤，前後潛修了九年，終得大成就，獲得「風息（密乘所說「體內」、「明點」、「脈」三者之中的生命元素）自在」功能，最後終於即身證得了「最勝悉地」（梵文音譯，意為「成就」）。據說這種功能會使人升在空中，並能在空中自由

行走。從此以後，他四處雲遊，以「道歌」形式宣揚教義，遇有緣弟子就傳授密法，著有著名的《道情歌集》行世。從學的人很多，弟子中得「瑜伽」成就者多達百餘人，以「熱瓊巴」、「崗波巴」二人最為傑出。他是宋代西藏著名的佛學家、苦行僧；他也是噶舉派的第二代祖師；從古至今，他被全西藏信眾認可為「即身成佛」的典範，被譽為「西藏密宗成就第一人」。

註10　《歷代詞話》清・王弈清著。

註11　《文心雕龍》五十卷，南朝・梁・劉勰著。

註12　《左庵詞話》清・李佳著。

註13　《第三隻眼看青藏：青藏鐵路採訪筆記》，楊越著，2006 年 9 月。

註14　見中國青年報刊載的《倉央嘉措──一直被誤讀，從未被瞭解》一文，轉載自新華網，2011 年 1 月 18 日。

註15　《關於倉央嘉措結局四種說法的辨析》，信理著，2005 年 11 月。

❧ 譯本一 ❧

倉央嘉措情歌
——古本 66 首

于道泉翻譯、白瑪僧格點評

出自《倉央嘉措及其情歌研究》，西藏社科院出版社，1982 年

1. 從東邊的山尖上，白亮的月兒出來了；未生娘[1] 的臉兒，在心中已漸漸地顯現。

   點評 此處應指修法「本尊」的形象慢慢呈現，意指與修行相應。依我國蒙古語言學者賈拉森之意，「少女」注釋不恰當，應為「阿媽」。此句有情有景，正如明·陸時雍所說：「樸之至，妙若天成。」（《詩鏡總論》）

   註釋 1.「未生娘」係直譯藏文之 ma-skyes-a-ma 一詞，為「少女」之意。

2. 去年種下的幼苗，今歲已成禾束；青年老後的體軀，比南方的弓[1] 還要彎。

點評　提醒世人「世事無常」、「人身無常」，看透人生，方能生出離心，此與佛教「四法印」合。

註釋　1. 制弓所用之竹，乃來自南方不丹等地。

3. 自己的意中人兒，若能成終身的伴侶；猶如從大海底中，得到一件珍寶。

點評　提示世人，應愛惜親情、珍惜人生，道出世人情愛之心。

4. 邂逅相遇的情人，是肌膚皆香的女子；猶如拾了一塊白光的松石[1]，卻又隨手拋棄了。

點評　此喻在修行解脫的大道上，得先超越兒女私情，才能與道相應。

註釋　1.「松石」乃是藏族人民最喜歡的一種寶石，好的價值數千元。在西藏有好多人相信最好的松石有避邪護身的功用。

5. 偉人大官的女兒，若打量伊美麗的面貌；就如同高樹的尖兒，有一個熟透的果兒。

點評　以常人心態靜觀美麗的姑娘，體現「好美之心人皆有之」的俗人常態。

6. 自從看上了那人，夜間睡思斷了；因日間未得到手，想得精神累了吧！

指修道與上師相應較難，身心修行功夫未能打成一片，尚待精進。

7. 花開的時節已過，「松石蜂兒」[1]並未傷心；同愛人的因緣盡時，我也不必傷心。

點評 意指通過修證，雖然處於年青的時候，但卻可以超越凡情俗愛，即使分離也可淡然處之。

註釋 1. 據藏族人民說的，西藏有兩種蜜蜂，一種黃色的是黃金蜂 gser-sbarng，一種藍色的稱為松石蜂 gyu-sbrang。

8. 草頭上嚴霜的任務[1]，是作寒風的使者；鮮花和蜂兒拆散的，一定就是「它」啊。

點評 意指第巴・桑結雖隱瞞五世達賴去世並代行達賴之職，這是自有因緣的，我倉央嘉措能理解他。

註釋 1. 這一句意義不甚明瞭，原文中 Rtsi-thog 一字乃達斯氏《藏英字典》中所無。在庫倫印行的一本《藏蒙字典》中有 rtstog 一字，譯作蒙文 tuemuesue（禾）。按 thog 與 tos 本可通用，故 rtsi-tog 或即 rtsi-thog 的另一拼法。但是將 rtsi-thog 解作（禾）字，這一行的意義還是不明。最後我將 rtsi 字當作 rtswahi 字的誤寫，將 kha 字當作 khag 字的誤寫，乃勉強譯出。這樣辦好像有點過於大膽，不過我還沒有別的辦法能使這一行講得通。

9. 野鵝同蘆葦發生了感情，雖想少住一會兒；湖面被冰層蓋了以後，自己的心中乃失望。

點評 常人的感情，對修行解脫來說是一種障礙，偶然際遇了，真能動了道心。

10. 渡船 [1] 雖沒有心，馬頭卻向後看我；沒有信義的愛人，已不回頭看我。

點評 意指世間情愛無常，易生變化；寓指佛法是超越生死輪迴的常樂我淨、大愛真樂的追求。

註釋 1. 在西藏的船普通有兩種：一種叫作 ko-ba 的皮作的，只順流下行時用。因為船身很輕，到了下游後撐船的可以走上岸去，將船背在背上走到上游再載著客或貨往下游航行。另一種叫做 gru-shan 是木頭作的，專作擺渡用。這樣的擺渡船普通都在船頭上安一個木刻的馬頭，馬頭都是安作向後看的樣子。

11. 我和世上的女子，用三字作的同心結兒，沒用解錐去解，在地上自己開了。

點評 念誦「嗡、啊、吽」三字而結的金剛結，掉落在地上自己散開了，喻學佛的信徒沒有守護正念，退失了向道之心。

12. 從小愛人的「福幡」[1]，豎在柳樹的一邊，看柳樹的阿哥自己，請不要「向上」拋石頭。

點評 大意指不要辜負了他人的祝福，要領納和體會別人善意的祝願。

註釋 1. 西藏各處的屋頂和樹梢上邊都豎著許多印有梵、藏文咒語的布幡，叫作 rlung-bskyed 或 dar-lcog。藏族人民以為可以藉此祈福。

13. 寫成的黑色字跡，已被水和雨滴消滅；未曾寫出的心跡，雖要拭去也無從。

> 點評 「達摩東來一字無，全憑心意下功夫；若從紙上論筆墨，
> 毛筆蘸乾洞庭湖。」

14. 嵌的黑色的印章，話是不會說的；請將信義的印兒，嵌在各人
的心上。
> 點評 從本心上著手，從內心裡下功夫。

15. 有力的蜀葵花兒，「你」若去作供佛的物品，也將我年幼的松
石峰兒，帶到佛堂裡去。
> 點評 「有力的蜀葵花兒」意指能指導修行的上師，「松石峰兒」
> 意指易迷失學佛方向的信徒。

16. 我的意中人兒¹，若是要去學佛，我少年也不留在這裡，要到山
洞中去了。
> 點評 「意中的女子」比較正確，是指護法或修行的「空行母」。
> 註釋 1. 達斯本作「意中的女子」。

17. 我往有道的喇嘛面前，求他指我一條明路；只因不能回心轉意，
又失足到愛人那裡去了。
> 點評 描述為情所困，請上師加持、指引的情形。

18. 我默想喇嘛的臉兒，心中卻不能顯現；我不想愛人的臉兒，心中卻清楚地看見。

　　點評 觀想「本尊」難，誘惑的「愛人」（意指五欲——財、色、名、食、睡）易，則知修道難。

19. 若以這樣的「精誠」，用在無上的佛法，即在今生今世，便可肉身成佛。

　　點評 若以貪愛私欲一樣執著，以這般心情來求證佛法，一定有所成就，乃至今生能得解脫。

20. 潔淨的水晶山上的雪水，鈴蕩子[1]上的露水，加上甘露藥的酵「所釀成的美酒」，智慧天女[2]當壚。若用聖潔的誓約去喝，即可不遭災難。

　　點評 酒在佛教中是應戒除的，但在西藏，若對上師有信心，懷著聖潔之心飲之，則無妨。

註釋 1.「鈴蕩子」藏文為 klu-bdud-rde-rje，因為還未能找到它的學名，或英文名，所以不知道是什麼樣的一種植物。

2.「智慧天女」原文為 Ye-shes-mkhah-hgro，乃 Ye-shes-kyi-mkhah-hgro-ma 之略。Ye-shes 意為「智慧」。mkhah-hgro-ma 直譯為「空行女」。此處為遷就語氣故譯作「智慧天女」。按 mkhah-hgro-ma 一詞在藏文書中都用它譯梵文之 dakini 一字，而 dakini 在漢文佛經中譯音作「廎茶吉泥」，乃是能盜食人心的夜叉鬼（參看丁氏《佛學大辭典》1892 頁中），而在西藏傳說中「空行女」即多半是絕世美人。在西藏故事中常有「空行女」同世人結婚的事，和漢族故事中的狐仙頗有點相似。普通藏族人民常將「空行女」與「救度母」（sgrol-ma）相混。白瑪僧格按：度母有白度母、綠度母之分。綠度母，梵名 Tara，音譯為「多羅菩薩」，為觀音菩薩的化身，是密教觀音部的佛母；又稱「聖多羅菩薩」、「多羅觀音」、「救度母」等；意譯為「眼」、「極度」、「救度」，故略稱為「度母」。「空行母」——梵文 Dakini，藏文譯為 Mkhai hGro-ma（空行女）原指女性修無上密宗而得

成就者。空行母在密宗中占極重要的地位，詮表智慧為一切諸佛之母，亦表事業，為一切諸佛護法及承辦事業。

21. 當時來運轉的際（機）會，我豎上了祈福的寶幡；就有一位名門的才女，請我到伊家去赴宴[1]。

    點評　喻指福德資糧（四加行）的修行功課做好，自然會有人護持修道，並禮講經。

    註釋　1. 這一節乃是極言寶幡效驗之速。

22. 我向露了白齒微笑的女子們的[1]座位間普遍地看了一眼，一人羞澀的目光流轉時，從眼角間射到我少年的臉上。

    點評　信佛的女子對上師俊美的法相心生歡喜，一如佛世時阿難尊者以法相莊嚴而攝受眾生，說明倉央嘉措長相俊美，符合聖者的特徵。

    註釋　1. 在這一句中藏文有 lpags-pa（皮）字頗覺無從索解。

23. 因為心中熱烈的愛慕，問伊是否願作我的親密的伴侶？伊說：若非死別，決不生離。

    點評　此句謂修證得空行母或「本尊」的印可，修行如法（此句懷疑為後世愛好情歌者改編）。

24. 若要隨彼女的心意，今生與佛法的緣分斷絕了；若要往空寂的山嶺間去雲遊，就把彼女的心願違背了。

點評 此句點明瞭佛教「恆順眾生」及「山中習定」的主旨，句中「雲遊」二字似不通。

25. 公（工）布少年的心情，好似拿在網裡的蜂兒；同我作了三日的宿伴，又想起未來與佛法了[1]。

點評 此句非倉央嘉措的詩作，見于先生注釋；但此句可以看出佛法教理深入人心，樂於追求解脫修行。

註釋 1. 這一節是一位女子譏諷伊的愛人工布少年的話，將拿在網裡的蜂兒之各處亂撞，比工布少年因理、欲之爭而發生的不安的心情。公（工）布 kong-po 乃西藏地名，在拉薩東南。

26. 終身伴侶啊，我一想到你，若沒有信義和羞恥，頭髻上帶的松石，是不會說話的啊![1]

點評 喻指佛性、空性，如若入得境界，則不落法相及俗見（信義與羞恥），如松石一般不為八風及解脫知見所動。所謂不落凡聖之見、與佛性合二為一（此句于先生注釋似不通）。

註釋 1. 這一節是說女子若不貞，男子無從監督，因為能同女子到處去的，只有伊頭上戴的松石。

27. 你露出白齒兒微笑，是正在誘惑我呀？心中是否有熱情，請發一個誓兒！

點評 上師、空行女或「本尊」加持有感應，但因修行功夫不深，所以希望空行女能發誓護念（句中「誘惑」似所譯失準，也可作常人愛慕之心解——凡夫俗愛、難於超脫之表述，亦可）。

28. 情人邂逅相遇¹，被當爐的女子撮合，若出了是非或債務，你須擔負他們的生活費啊！

點評 密宗有雙運密法，若有德之高僧，將有空行女前來與之共修，但須一切因緣具足方可，且非有意為之，是修行到了某個程度，自然會有此因緣，不是人力所能為。

註釋 1. 這一句乃是藏人民常說的一句成語，直譯當作「情人猶如鳥同石塊在露上相遇」。意思是說鳥落在某一塊石頭上，不是山鳥的計畫，乃係天緣。以此比情人的相遇全係天緣。

29. 心腹話不向父母說，卻在愛人面前說了，從愛人的許多牡鹿¹之間，秘密的話被仇人聽去了。

點評 暗示口舌的利害，最容易洩漏密秘的就是我們的嘴，所以佛教有造口業之說。

註釋 1. 此處的牡鹿，係指女子的許多「追逐者」。

30. 情人藝桌拉茉¹，雖是被我獵人捉住的；卻被大力的長官，訥桑嘉魯奪去了²。

點評 意指俗世間，因私欲的無止境而發生弱肉強食的現象，代平民百姓說話也。

註釋 1. 此名意譯當作「奪人心神的仙女」。
2. 有一個故事藏在這一節裡邊，但是講這個故事的書在北平找不到，我所認識的藏族人士又都不知道這個故事，所以不能將故事中的情節告訴讀者。

31. 寶貝在手裡的時候，不拿它當寶貝看；寶貝丟了的時候，卻又急得心氣上湧。

點評 喻指不要錯過了認領上師，一旦錯過，將後悔莫及。

32. 愛我的愛人兒，被別人娶去了；心中積思成瘵，身上的肉都消瘦了。

點評 描述嗔恨、惱怒的心理，並將影響身體。

33. 情人被人偷去了，我須求籤問卜去罷；那天真爛漫的女子，使我夢寐不忘。

點評 意指與「本尊」不相應，失落法喜，渴望能再一次相應。所謂「禪悅為食，法喜充滿」，得定之後即可享此妙樂。此處描述得定之後的法喜，一旦體會到，將「夢寐難忘」。

34. 若當壚的女子不死¹，酒是喝不盡的；我少年寄身之所，的確可以在這裡。

點評 遊戲人生，聖情難測。

註釋 1. 藏的酒家多係娼家，當壚女多兼操神女生涯，或撮合癡男怨女使在酒家相會。可參看第 26 節。

35. 彼女不是母親生的，是桃樹上長的罷！伊對一人的愛情，比桃花凋謝得還快呢！

人生無常，情更無常，感慨人心之語；也可以作修解脫法之難。

36. 我自小相識的愛人，莫非是與狼同類？狼雖有成堆的肉和皮給它，還是預備住在上面[1]。

點評 于先生注釋似不妥，此句應是指看透人生無常、重現實而變心的表述，這其實是人心的常態，自古如此，今世尤盛。

註釋 1. 指一個男子以自己的財力不能買得一個女子永久的愛，怨恨女子的話。

37. 野馬往山上跑，可用陷井或繩索捉住；愛人起了反抗，用神通力也捉拿不住。

點評 所謂「神通敵不過業力」，意指修行遇到障礙，即使修得了神通，有時也難降伏。

38. 躁急和暴怒聯合，將鷹的羽毛弄亂了；詭詐和憂慮的心思，將我弄憔悴了。

點評 此指修道難，入世度眾更難，為度化多變詭詐、頑固不化的眾生，修道者身心都憔悴。

39. 黃邊黑心的濃雲，是嚴霜和災雹的張本；非僧非俗的班第[1]，是我佛教法的仇敵。

點評 「班第」應指不守戒律的僧人,是破壞佛教的「仇敵」,能令眾生不得解脫;從此處,可知六世達賴的秘行和修持。

註釋 1. 藏文為 ban-dhe。據葉式客(Yaschke)的《藏英字典》的二義:1、佛教僧人,2、本(苯)波 ponpo 教出家人。按「本(苯)波教」為西藏原始宗教,和內地的道教極相似。在西藏常和佛教互相排斥。此處 bandhe 似系作第二義解。

40. 表面化水的冰地,不是騎牡馬的地方;秘密愛人的面前,不是談心的地方。

點評 「秘密愛人」應指「本尊」,因西藏佛教最重視上師,視具足證量的上師如同佛陀一般,此指在上師、「本尊」面前是沒有商量的餘地──你只有如說修行、依教奉行才能得到最好的加持。

41. 初六和十五日的明月[1],到(倒)是有些相似;明月中的兔兒,壽命卻消磨盡了[2]。

點評 歎佛法修證之難:如想修得正果,得經歷漫長修行,也許直到壽命終了才有成就。

註釋 1. 這一句藏文原文中有 tshes-chen 一字,為達斯氏字典中所無;但此字顯然是翻譯梵文 mahatithi 一字。據威廉斯氏《梵英字典》796 頁謂係陰曆初六日。
2. 這一節的意義不甚明瞭。據我看,若將這一節的第 1、2 兩行和第 42 節的第 1、2 兩行交換地位,這兩節的意思,好像都要依為通順一點。據一位西藏友人說這一切中的明月是比為政的君子,兔兒是比君子所嬖幸的小人。

42. 這月去了，下月來了，等到吉祥白月的月初[1]，我們即可會面[2]。

   點評　于先生作俗情會，似不妥。此處應指，修行功德圓滿時即可與「本尊」相應、合二為一。

   註釋　1. 印度曆法自月盈至滿月謂之（白月）。見丁氏《佛學大辭典》904 頁下。
   　　　2. 這整首詩據說是男女相約之詞。

43. 中間的彌盧山王[1]，請牢穩地站著不動；日月旋轉的方向，並沒有想要走錯。

   點評　「彌盧山王」應指「本尊」或護法神，此句是想請「本尊」護念並印證他所修的教法，方向、次第和方法應該沒有錯；亦暗指他本人要堅定信心，誓願解脫，直至成佛。

   註釋　1. 「彌盧山王」藏文為 ri-rgyal-lhun-po。ri-rgyal 意為「山王」；lxunpo 意為「積」，乃譯梵文之 Meru 一字。按 Meru 普通多稱作 Sumeru，漢文佛化中譯意為「善積」，譯音有「須彌山」修迷樓「蘇迷盧」等，但世人熟知的，只有「須彌山」一句。在西藏普通稱此已為 rirab。古代印度人以為須彌山是世界的中心，日月星辰都繞著它轉。這樣的思想雖也曾傳入我國內地，卻不像在西藏那樣普遍。在西藏沒有一個不知道 rirab 這個名字。

44. 初三的明月發白，它已盡了發白的能事，請你對我發一個，和十五日的夜色一樣的誓約[1]。

   點評　祈禱「本尊」或空行母，發願護念他，直到成佛（以十五月圓喻圓滿成佛）——雖然他的修證之路還在半途，並小有成就……。

   註釋　1. 整首詩意義不甚明瞭。

45. 住在十地[1]界中的，有誓約的金剛護法，若有神通的威力，請將佛法的冤家驅逐。

　　點評　祈禱佛教昌盛興隆，希望教內、教外的佛法破壞者被護法神驅逐遠去──此是大悲心及大願力的表現。

> **註釋**　1. 薩修行時所經的境界有十地：（1）喜歡地（2）離垢地（3）發光地（4）焰慧地（5）極難勝地（6）現前地（7）遠行地（8）不動地（9）善慧地（10）法雲地。見丁氏《佛學大辭典》225頁中。護法係菩薩化身，故亦在十地界中。

46. 杜鵑從寞地來時，適時的地氣也來了；我同愛人相會後，身心都舒暢了。

　　點評　借「地氣漸來、杜鵑花開」而與「本尊」相應作回應，表明修法與「本尊」相應後，獲得「身心都舒暢」的法喜。

47. 若不常想到無常和死，雖有絕頂的聰明，照理說也和呆子一樣。

　　點評　此處點明，學佛不是學點空洞的理論，要注重實修實證，否則，就算你聰明絕頂，病痛或死亡到來將無濟於事、於事無補，那麼此人與呆子又有什麼差別呢！

48. 不論虎狗豹狗，用香美的食物餵它就熟了；家中多毛的母老虎[1]，熟了以後卻變得更要兇惡。

點評 「母老虎」于先生注釋為「家中悍婦」似不通，如此，則為何叫「多毛的母老虎」？白瑪僧格認出，「母老虎」是指煩惱與習氣；「家中」指自身，即自身的煩惱習氣，如果你順著它不加以對治，它為變得越來越兇狠厲害，點明慣性習氣的過患。

註釋 1. 指家中悍婦。

49. 雖軟玉似的身兒已抱慣，卻不能測知愛人心情的深淺；只在地上畫幾個圖形，天上的星度卻已算准。

點評 此句是說與佛法相應有些時日了、有些習慣了，但卻依然不知究竟佛法的深淺。最究竟的佛陀境界是這般地高深與難測，比那天文、數學的知識還要複雜。

50. 我同愛人相會的地方，是在南方山峽黑林中，除去會說話的鸚鵡以外，不論誰都不知道。會說話的鸚鵡請了，請不要到十字路上去多話[1]！

點評 看似是「兩情相悅」之事，但白瑪僧格不作此解，以為是修證到高深的境界時，與「本尊」相應，自然會有奇妙地感應、神通及奇異的現象，但這些會被身邊會洩密的「會說話的鸚鵡」知道，所以在此告誡不要到處亂說（白瑪僧格按：佛教中修行修得好，可以修得神通，但神通是不可以隨便顯現，故有此告誡）。

註釋 1. 一句在達斯本中作「不要洩露秘密」。

51. 在拉薩擁擠的人群中，瓊結人 [1] 的模樣俊秀；要來我這裡的愛人，是一位瓊結人哪！

> 點評　似指召感的空行女是一位瓊結地方的姑娘，在藏傳佛教中，空行女亦名美麗而智慧的女子，是可以共修無上瑜伽密法的。有的是「本尊」（如「白度母」、「綠度母」）或前世有過修行的「空行母」化現的，凡夫地的空行女也可以供與上師共修特殊的密法，而獲得修行的成就。

> 註釋　1. 據貝爾氏說西藏人都以為若是這位達賴喇嘛娶了他那從瓊結來的愛人，他的子孫一定要強大起來，使清朝政府不能統治，所以清朝政府乃早把他去掉了。（《西藏之過去及現在》39 頁，按：貝爾著作中有很錯誤的言論，讀者要注意）。據貝爾氏說瓊結 Chungrgyal 乃第五代達賴生地，但是他卻沒有說是在什麼地方。據藏族學者說是在拉薩東南，約有兩天的路程。我以為它或者就是 hphyong-rgyas（達斯氏字典 852 頁）因為這兩字在拉薩方言中讀音是相似的。

52. 有腮鬍的老黃狗，心比人都伶俐；不要告訴人我薄暮出去，不要告訴人我破曉回來。

> 點評　指遊戲人間也怕一般人不懂而誤解。

53. 薄暮出去尋找愛人，破曉下了雪了；住在布達拉時，是瑞晉倉央嘉措。

> 點評　「瑞晉倉央嘉措」應為「仁欽・倉央嘉措」，此句應指遊戲人間，恰好碰上了下雪。

54. 在拉薩下面住時，是浪子宕桑汪波，秘密也無用了，足跡已印在了雪上[1]。

　　點評　于先生的注釋大有問題，似有誤導之嫌，因「聖人秘意不可以凡心測之」，況史料中只是說他改穿在家人的衣服，其他並沒有什麼，就算是有修「雙運」密法，那也是藏傳佛教的傳承與法統，故認為于先生注釋不妥。

> **註釋**　1. 當倉央嘉措為第六世達賴時，在布達拉官正門旁邊又開了一個旁門，將旁門的鑰匙自己帶。等到晚上守門的把正門鎖了以後，他就戴上假髮，扮作在家人的模樣從旁出去，到拉薩民間，改名叫作宕桑汪波，去過他的花天酒地生活。待破曉即回去將旁門鎖好，將假髮卸去，躺在床上裝作老實人。這樣好久，未被他人識破。有一次在破曉未回去以前下了大雪，回去時將足跡印在雪上。宮中的侍者早起後見有足跡從旁門直到倉央嘉措的臥室，疑有賊人進去。以後根究足跡的來源，直找到蕩婦的家中；又細看足跡乃是倉央嘉措自己的。乃恍然大悟。從此這件秘密被人知道了。

55. 被中軟玉似的人兒，是我天真浪漫的情人；妳是否用假情假意，要騙我少年財寶？

　　點評　此句不知何意，有待商榷，似指法眼透視俗世間的戀情。

56. 將帽子戴在頭上，將髮辮拋在背後。他說：「請慢慢地走[1]！」他說：「請慢慢地住。」他問：「你心中是否悲傷？」他說：「不久就要相會[2]！」

　　點評　此句贊同于先生的注釋，即預言。在藏傳佛教裡，預測未來是很常見的，就像漢地的算命與打卦，據說這是一門高深的學問。

57. 白色的野鶴啊，請將飛的本領借我一用；我不到遠處去耽擱，到理塘去一遭就回來[1]。

點評 這是預示他的一個化身將要在理塘轉世。在佛教中，一個有修證功夫的高僧可以自由的轉世，甚至可以有幾個或多個化身（即分身）；另有「奪舍」的投胎轉世的方式，即奪取現在還活著的人的靈魂。

58. 死後地獄界中的，法王[1]有善惡業的鏡子[2]，在這裡雖沒有準則，在那裡須要報應不爽[3]，讓他們得勝啊[4]！

點評 「閻羅為法王」可見《地藏經》中所述：「爾時佛告地藏菩薩，是大鬼王主命者……是大士慈悲願故，現大鬼身，實非鬼也。卻後過一百七十劫，當得成佛，號曰無相如來……」（《地藏本願經 · 卷中》）此處是說因果報應的真實，警示世人要起怖畏。

註釋　1. 「法王」有三義：（1）佛為法王；（2）護持佛法之國王為法王；（3）
閻羅為法王（見達斯氏字典430頁）。此處係指閻羅。
2. 「善惡業鏡」乃冥界寫取眾生善惡業的鏡子。（可參看丁氏《佛學大辭典》
2348頁上。）
3. 這一節是倉央嘉措向閻羅說的話。
4. 「讓他們得勝啊」原文為 dsa-yantu 乃是一個梵文字。藏文字在卷終常有
此字。

59. 卦箭中鵠的以後[1]，箭頭鑽到地裡去了；我同愛人相會以後，心
又跟著伊去了。

點評　意指與「本尊」相應之後，獲得法喜，自然想得到更多的
加持。

註釋　1. 指用射的來占卜吉凶的箭。（參看達斯氏《藏英字典》673頁 b）

60. 印度東方的孔雀，公〔工〕布穀底的鸚鵡，生地各各不同，聚
處在法輪[1]拉薩。

點評　意指拉薩是修行的中心。（白瑪僧格按：「法輪」是古印
度傳說中一件「戰無不勝」的兵器或飛行器（代行工具），佛
教引用為「佛法能摧毀一切邪惡的教派、邪知邪見」；此指佛
教的中心、佛法的都市。）

註釋　1. 「法輪」乃拉薩別號，猶如以前的北京稱為「首善之區」。

61. 人們說我的話，我心中承認是對的；我少年瑣碎的腳步，曾到
女店東家裡去過[1]。

點評　意指雖然遊戲神通，世人不明白（因為這是眾人業力召感
的緣故），但也沒有關係。

62. 柳樹愛上了小鳥，小鳥愛上了柳樹；若兩人愛情和諧，鷹即無隙可乘。

點評 勸免世人要互敬互愛，不要造業而召至苦報。

63. 在極短的今生之中，邀得了這些寵倖；在來生童年的時候，看是否能再相逢。

點評 意指第巴・桑傑嘉措對他有恩，並暗示來生可能有相聚的機會。

64. 會說話的鸚鵡兒，請你不要作聲；柳林裡的畫眉姐姐，要唱一曲好聽的調兒。

點評 與大自然融洽和協，聽六道眾生訴說一切，慈悲對待一切有情，平等而接納。

65. 後面兇惡的龍魔[1]，不論怎樣厲害；前面樹上的蘋果，我必須摘一個吃[2]。

點評 「龍魔」喻阻礙修道成佛的魔障，「蘋果」喻修道成就的正果；意指不畏艱難，誓願成佛。

66. 第一最好是不相見，如此便可不至相戀；第二最好是不相識，如此便可不用相思 [1]。

點評 喻與「本尊」相應後不願再失去，修道的喜悅真的讓人留戀，就像凡夫思念情人一般。

註釋 1. 這一首據藏族學者說應該放在 29 節以後。

⚘ 譯本二 ⚘

倉央嘉措情歌
——古本 66 首

曾緘翻譯、白瑪僧格點

出自《康導月刊》1939 年 1 卷 8 期

1. 心頭影事幻重重，化作佳人絕代容；恰似東山山上月，輕輕走出最高峰。

    點評 王國維說過：「詞以境界為最上，有境界則自成高格，自有名句。」倉央嘉措就是以境界勝，故而歷久不衰。曾氏之譯本，對仗工整、押韻、文情並茂、詞句優美，惜只談一「情」字；如屬自創之描寫美女、少婦或少女情懷，確屬上乘佳作。此句心境延伸，借景喻心，如詩如畫，美！

2. 轉眼榮枯便不同，昔日芳草化飛蓬；饒君老去形骸在，變似南方竹節弓。

   點評 歎人生無常，老病將至，何不學佛，能了卻百世之輪迴！

3. 意外娉婷忽見知，結成鴛侶慰相思；此身似歷茫茫海，一顆驪珠乍得時。

   點評 六祖惠能大師云：「菩提本無樹，明鏡亦非台，本來無一物，何處惹塵埃。」說明心的本體無形無相，卻又遍滿虛空。倉央嘉措的詩是說他脫離六塵纏繞而契入本尊境地，與本尊合二為一、契合無間，猶如凡塵俗子相思相憶一般，瞬間不離，這是定境。後半句是說，要證道就像在茫茫紅塵、萬丈大海中尋覓一顆珍珠一樣，而如今他證悟空性，與本尊合一，似撿到寶珠一般欣喜。

4. 邂逅誰家一女郎，玉肌蘭氣郁芳香；可憐璀璨松精石，不遇知音在路旁。

   點評 佛法雖是超越紅塵，卻也不離紅塵。這首詩是以俗人之眼看來某家女孩，讚歎其氣質優雅，美貌過人，卻就像路邊珍貴的松耳石還沒有知音一樣，尚是待嫁閨中──若修行者遇紅塵誘惑，如過花叢而不染身，便是借境練心。

5. 名門嬌女態翩翩，閱盡傾城覺汝賢，比似園林多少樹，枝頭一
　　果驀鮓妍。

> 點評 以常人心態來說，只是說遇見一位名門閨秀，姿色過人，
> 猶如百花叢中的一朵，偏偏喜歡她。以道歌解，則以名門閨秀
> 暗喻本尊，此本尊未必是最尊最貴（不一定有傾城的女子漂亮），
> 但只因為自己的根性與之相應，便偏偏喜歡修這位本尊的法。

6. 一自魂消那壁廂，至今寤寐不斷忘；當時交臂還相失，此後思
　　君空斷腸。

> 點評 與解脫境界或「本尊」相應而獲法喜，自後思念不已。

7. 我與伊人本一家，情緣雖盡莫諮嗟；清明過了春自去，幾見狂
　　蜂戀落花。

> 點評 這首詩在僧在俗皆是妙句。從出家的僧人來說，是「勘破
> 紅塵入佛門，情緣斷了接佛緣，無論在僧或在俗，本是法界一
> 家人」之意，也暗指修道的生涯要比世俗的情愛生活更好。從
> 世俗的角度來說，前二句可視為「情緣可斷、以法接緣」，指
> 人有前生來世；後二句意指「無常苦多」，可指生離死別，也
> 可指移情別戀，所以襯托前面修道的殊勝。正如法演禪師開悟
> 時所說的詩句一樣：「山前一片閒田地，叉手叮嚀問祖翁；幾
> 度賣來還自買，為憐松竹引清風。」這首詩也可用另一個解讀
> 法，即迷時不知修道，悟時狂心頓歇之意。

8. 青女欲來天氣涼，蒹葭和露晚蒼蒼；黃蜂散盡花飛盡，怨殺無情一夜霜。

   點評 「黃蜂散盡花飛盡」乃自然現象，何用「怨殺無情一夜霜」？霜者，喻指無常。

9. 飛來野鶩戀叢蘆，能向蘆中小住無；一事寒心留不得，層冰吹凍滿平湖。

   點評 以筆者品之，這首詩應該是說世間的一切皆歸無常，什麼都無法長久存在，所以我們不必留戀，唯有不生不死的解脫境界才是需要追求的。

10. 莫道無情波日舟，舟中木馬解回頭；不知負義兒家婿，尚解回頭一顧否。

    點評 水是無情物，舟是無情物，藝術家卻能將馬頭調成反顧，以示留戀，情通萬物。後二句喻指本尊是他的母親（岳母），是說迷途的女婿可懂得留戀這個家？修行的人不可忘記空行母本尊的祈請。

11. 遊戲拉薩十字街，偶逢商女共徘徊；匆匆縮個同心結，擲地旋看已自開。

    點評 遊戲二字用得好，一如濟公活佛遊戲人間。佛教中不少經典會說到，羅漢或菩薩會遊戲人間，隨緣度化眾生。後面三句

說明，紅塵中的緣分不是輕易來的，而是前世結下的良好因緣；而羅漢或菩薩試著想打個同心結，卻是沒有結果的，這便叫「有緣無分莫強求」。

12. 長幹小生最可憐，為立祥幡傍柳邊；樹底阿哥須護惜，莫教飛石到幡前。

    點評 經幡代表正義或佛法，是指善的一面。此詩表示修行正法會遇上障礙，證道是一個艱難的過程。阿哥代表護法的信眾，要護持修行的僧人，減輕磨難，如嘲笑、流言蜚語、饑餓等等。

13. 手寫瑤箋被雨淋，模糊點畫費探尋；縱然滅卻書中字，難滅情人一片心。

    點評 書信往來易得，刻骨銘心難求。

14. 小印圓勻黛色深，私鈐紙尾意沉吟；煩君刻畫相思去，印入伊人一寸心。

    點評 無論持咒，還是觀想本尊，要像刻印一樣專注與用心，這份用心猶如患了相思的人一樣，要將本尊深深的印入你的腦海，你的心中，這樣才容易成就。

15. 細腰蜂語蜀葵花，何日高堂供曼遮；但使儂騎花背穩，請君馱上法王家。

「曼遮」又作「曼荼羅」,在古印度是「獲得本質」的意思,後來喻指「獲得佛陀的無上正等正覺」,即指覺悟了世出世間的一切真理。

16. 含情私詢意中人,莫要空門證法身;卿果出家吾亦逝,入山和汝斷紅塵。

喻為法斷情終不悔,雙雙修道欲離塵。王國維說過:「有造境,有寫境,此理想與寫實二派之所由分;然二者頗難分別,因大詩人所造之境,必合乎自然,所寫之境,亦必鄰於理想故也。」理想與寫實兩者兼備,所以僧俗皆愛其詩。

17. 至誠皈命喇嘛前,大道明明為我宣;無奈此心狂未歇,歸來仍到那人邊。

「那人」與「喇嘛」,代表生死此岸與解脫彼岸。喻業力習氣之重,難調難伏,貪戀塵俗故難證法身慧命;亦是警示世人及出家修道人之語。

18. 入定修觀法眼開,啟求三寶降靈台;觀中諸聖何曾見,不請情人卻自來。

點評　喻修行觀想「本尊」不易、雜念叢生之心境，此句有情有景，凡聖點到，動靜相呼，妙！王國維有云：「喜怒哀樂，亦人心中之一境界。故能寫真景物，真感情者，謂之有境界。」倉央嘉措就是這般，所以雅俗皆喜他的詩歌，所謂真性情者是。

19. 靜時修止動修觀，歷歷情人掛眼前；肯把此心移學道，即生成佛有何難。

點評　此句亦僧亦俗，直指要旨，喻若肯精進修道，成佛又有何難？直觀，樸實，佳！

20. 醴泉石露和流霞，不是尋常賣酒家；空女當壚親賜飲，醉鄉開出吉祥花。

點評　「空行母」的梵文 Dakini，藏文譯為 Mkhai hGro-ma（空行女），原指女性修無上密宗而得成就者。空行母在密宗中占極重要的地位，詮表智慧為一切諸佛之母，亦表事業為一切諸佛護法及承辦事業。

21. 為豎幡幢誦梵經，欲憑道力感娉婷；瓊筵果奉佳人召，知是前朝佛法靈。

點評　祈願得到空行母或上師的加持，後果然應驗，證知佛法不假。

22. 貝齒微張笑靨開，雙眸閃電座中來；無端覷看情郎面，不覺紅渦暈兩腮。

點評 本尊空行母，因為福慧具足，所以相貌端莊、美妙無比，觀想的人可生心歡喜。據藏傳佛教典籍記載，修到高的層次，還有所謂「雙運」的修行，事相上與世俗夫妻恩愛相似，俗稱「歡喜佛」，類似道家講的陰陽雙修。另一種是為了表法（即象徵）意義，如女代表智慧、男代表方便；女代表智慧、男代表慈悲等等。

23. 情到濃時起致辭，可能長作玉交枝？除非死後當分散，不遣生前有別離。

點評 前二句是問：「世間的恩愛可能長久？」後二句是說，凡夫終也無法避免生老病死，再恩愛也會分開，統歸無常；到死亡之時，再恩愛也沒法相繼愛情。整句是點出「無常」二字，這是佛教修行最基本、最重要的教導之一。

24. 曾慮多情損梵行，入山又恐別傾城；世間安得雙全法，不負如來不負卿。

點評 此句我最喜歡，因將求道與俗情、修行與俗愛的矛盾心理刻畫得繪聲繪色、淋漓盡致。

25. 絕似花蜂困網羅，奈他工布少年何，圓成好夢才三日，又擬將身學佛陀。

   點評 佛法的魅力終究大過世俗的快樂。

26. 別後行蹤費我猜，可曾非議赴陽臺；同行只有釵頭鳳，不解人前告密來。

   點評 描寫小女子之心理也，怨夫之心境呈現紙上，猶如劇本，好！遊戲於筆墨之間，自古以來不乏其人，遊戲人間者亦有先例，如我國濟公活佛、韓國大安禪師、日本一休和尚等。

27. 微笑知君欲誘誰，兩行玉齒露參差；此時心意真相屬，可肯儂前舉誓詞。

   點評 有欲望的衝動，也屬正常，畢竟眾生都是七情六欲的凡夫。後二句可看成是世俗的誓言，也或看成修行的戒律。

28. 飛來一對野鴛鴦，撮合勞他賣酒娘；但使有情成眷屬，不辭辛苦作慈航。

   點評 古書云：「成人之美，不成人之惡！」愛心與慈悲相應也。

29. 密意難為父母陳，暗中私說與情人；情人更向情人說，直到仇家聽得真。

   點評 口業之過患，此處明示。

30. 膩婥仙人不易尋，前朝遇我忽成禽；無端又被盧桑奪，一入侯門似海深。

　　點評 遇行空女而不得，空悲歎，因緣不成熟故，怎奈何？

31. 明知寶物得來難，在手何曾作寶看；直到一朝遺失後，每思奇痛徹心肝。

　　點評 似指遇著明眼上師不識，錯過後追悔莫及、痛徹內心。

32. 深憐密愛誓終身，忽抱琵琶向別人；自理愁腸磨病骨，為卿憔悴欲成塵。

　　點評 誓願修證上乘法，不畏磨骨愁病、憔悴欲死。

33. 盜過佳人便失蹤，求神問卜冀重逢，思量昔日天真處，只有依稀一夢中。

　　點評 偶與「本尊」相應，復求不得，思念切切，讚法喜之難得也。

34. 少年浪跡愛章台，性命唯堪寄酒懷；傳語當爐諸女伴，卿如不死定常來。

　　點評 此處明示借酒浪跡、遊戲塵間之緣由。當爐者，空行女是也，藏傳佛教中的護法或成就者，不可作庸俗者會。

35. 美人不是母胎生，應是桃花樹長成；已恨桃花容易落，落花比
汝尚多情。

　　點評　喻人心之多變、無常，比那易凋謝的花還快。

36. 生小從來識彼姝，問渠家世是狼無；成堆血肉留難住，奔走荒
山何所圖。

　　點評　指洩露他身分及謗他破戒的女子，不知是為了什麼？

37. 山頭野馬性難馴，機陷猶堪制彼身；自歎神通空具足，不能調
伏枕邊人。

　　點評　神通難敵業力之謂也。

38. 羽毛零亂不成衣，深悔蒼鷹一怒非；我為憂思自憔悴，那能無
損舊腰圍。

　　點評　修行之人必有磨難，所以身心憔悴之時難免。

39. 浮雲內黑外邊黃，此是天寒欲雨霜；班弟貌僧心是俗，明明末
法到滄桑。

　　點評　此指西藏原始宗教——苯教，貌似佛教卻不是真正的修
道，與俗人無異，此是對末法時期的現象大起悲憫與感歎。

40. 外雖解凍內偏凝，騎馬還防踏暗冰；往訴不堪逢彼怒，美人心上有層冰。

　　點評　以道歌解讀，前二句是說持戒要謹慎，要如履薄冰，如臨深淵一樣小心。後二句是說若做錯了，本尊會發怒的，就像本尊空行母再莊嚴，也令人敬畏。

41. 弦望相看各有期，本來一體異盈虧；腹中顧兔消磨盡，始是清光飽滿時。

　　點評　我以為，詩中月之盈、虧（望弦），皆月之一體之兩面，只因半、滿不同而有差別。顧兔喻業力、習氣，若得通過修行消磨得盡，自然心光透露、清明體現。

42. 前月推移後月行，暫時分手不須哀；吉祥白月行看近，又到佳期第二回。

　　點評　修行相應，但功夫不能打成一片，既得好消息，不愁解脫無期，妙句！

43. 須彌不動住中央，日月遊行繞四方；各駕輕車投熟路，未須卻腳歎迷陽。

　　點評　「各駕輕車投熟路」意指各有法脈傳承的佛法，只要用熟悉的修行方法，自然不會對輪迴產生恐怖，因有解脫法在；又，有「是法平等，無有高下」之意。

44. 新月才看一線明，氣吞碧落便橫行，初三自詡清光滿，十五何來皓魄盈？

> **點評** 有規勸修法不可自滿，應克服我慢方能進步，方能證得更高之佛法。

45. 十地莊嚴住法王，誓言訶護有金剛；神通大力知無敵，盡逐魔軍去八荒。

> **點評** 西藏有「金剛地」、「金剛戒」、「金剛護法」等說法，「金剛」有堅固、難勝等意。

46. 杜宇新從漠地來，天邊春色一時回；還如意外情人至，使我心花頃刻開。

> **點評** 「意外情人」應指空行、護法的不期而至，令修證的喜悅大增。

47. 不觀生滅與無常，但逐輪迴向死亡；絕頂聰明矜世智，歎他於此總茫茫。

> **點評** 誠如曾緘所注，人不知有來世，則自會造業、輾轉輪迴，痛苦將無終了時！此句警示世人，要求證佛法，了生脫死，方是有智之人。

48. 君看眾犬吠猖狂，飼以雛豚亦易訓；只有家中雌老虎，愈溫存處愈生嗔。

　　點評　此指俗人為情所困，不得調伏，靜觀世間百態之描述也。

49. 抱慣嬌軀識重輕，就中難測是深情；輸他一種覘星術，星斗彌天認得清。

　　點評　喻指女子之心難測多變，觀而歎之。

50. 鬱鬱南山樹草繁，還從幽處會嬋娟；知情只有閑鸚鵡，莫向三叉路口言。

　　點評　此句曾緘注之不妥，蓋一代高僧若如此沉溺俗愛，則不可能有如是空靈之才華，我以為是六世達賴通達常人心境之平述而已，或是神通天眼觀見的境界。

51. 拉薩遊女漫如雲，瓊結佳人獨秀群；我向此中求伴侶，最先屬意便為君。

　　點評　意指遇上了合適的明妃（世俗空行女）。

52. 龍鍾黃犬老多髭，鎮日司閽仗爾才；莫道夜深吾出去，莫言破曉我歸來。

　　點評　黃犬喻身邊的修行者或凡夫。後二句是說修行的密行無人得知，外人看了表相也未必得知個中真實。

53. 為尋情侶去匆匆，破曉歸來積雪中；就裡機關誰識得，倉央嘉措布拉宮。

點評 曾譯「情侶」疑為「法侶」，蓋無上密法有「雙修」儀規及修證方法，此句似指密修無上瑜伽而會空行女，行蹤不可讓人知之（因有些密法須密修，不可讓世人知之，凡俗之人不懂故）。

54. 夜走拉薩逐綺羅，有名蕩子是汪波；而今秘密渾無用，一路瓊瑤足跡多。

點評 此指有障道因緣將出現，可作「懸記」（預言）解讀。

55. 玉軟香溫被裹身，動人憐處是天真；疑他別有機權在，巧為錢刀作笑顰。

點評 修禪得定之後，身心即能柔軟（佛教有「證得初禪即可令身心柔軟、快樂輕安」之說）。

56. 輕垂辮發結冠纓，臨別叮嚀緩緩行；不久與君須會合，暫時判袂莫傷情。

點評 曾注過俗，我贊同藏人所謂「預言逼走」之說，因修行得道之人多有預測未來之神通。

57. 跨鶴高飛意壯哉，雲霄一羽雪皚皚，此行莫恨天涯遠，咫尺理塘歸去來。

  點評　此為已得自在，隨意轉生之預言，藏人多信之（「活佛轉世」之中多有預示轉生的暗示或預言）。

58. 死後魂遊地獄前，冥王業鏡正高懸；一困階下成禽日，萬鬼同聲唱凱旋。

  點評　警示業力恐怖、應持善戒之義，否則死後有報，一落鬼道（下三趣之一），後悔莫及（鬼類因多了一個同類、幸災樂禍所以「同唱凱旋」）。

59. 卦箭分明中鵠來，箭頭顛倒落塵埃；情人一見還成鵠，心箭如何挽得回？

  點評　以俗人情愛之心比擬與本尊、空行的相應，喻嘗得佛法之快樂後，心不願再捨棄。

60. 孔雀多生印度東，嬌鸚工布產偏豐；二禽相去當千里，同在拉薩一市中。

  點評　孔雀指能通曉教法的上師，是得了來自印度傳來法脈的真傳，嬌鸚指不得佛法密意的普通修行人，雖然他們有很大的差別，卻都聚集在西藏佛法傳播的中心——拉薩。

61. 行事曾叫眾口譁，本來白璧有微瑕；少年瑣碎零星步，曾到拉薩賣酒家。

> 點評 上師密行難解，雖到酒家，凡夫難識其中因緣。

62. 鳥對垂楊似有情，垂楊亦愛鳥輕盈；若叫樹鳥長如此，伺隙蒼鷹那得攖？

> 點評 曾注不足為信，若是如此俗人，將不可能得眾派僧俗之敬重。此應作修行密意指示解，即修道非易事，當精進修持，克服習氣、業力、魔障，否則易墮生死輪迴中。「蒼鷹」可作「五蘊魔」（即色受想行識——輪迴生死之根本障礙，或財、色、名、食、睡五障道之因緣）解。

63. 結盡同心締盡緣，此生雖短意纏綿；與卿再世相逢日，玉樹臨風一少年。

> 點評 意與第巴・桑傑的因緣不多了，但預示第巴・桑傑投胎轉世後仍會與六世達賴相逢的因緣（後第巴・桑傑投生在阿拉善，果與六世達賴相見，並成為他的心傳弟子，即阿旺倫珠達爾吉）。

64. 盼咐林中解語鶯，辯才雖好且休鳴；畫眉阿姊垂楊畔，我要聽她唱一聲。

·雖世人不解倉央嘉措之密行，但還是有相信並敬重他的人在，此勸世人不要以訛傳訛——這似乎是預示他的後半生就會眾說紛紜、莫衷一是，但他真實的一生一定會有人寫成傳記！

65. 縱使龍魔逐我來，張牙舞爪欲為災；眼前蘋果終須吃，大膽將他摘一枚。

點評 龍魔，指天龍八部之一（有的為護法善神，有的能障道害人）；蘋果喻道果、正果、佛果。此句意為修行證道即使有魔障，我也要突破阻撓而修得正果。

66. 但曾相見便相知，相見何如不見時？安得與君相訣絕，免教辛苦作相思。

點評 喻希求涅槃，厭離生死之義，嚮往終極究竟的解脫境界，不俗在此人間暫留（此似預示他將決然遁去，並將隱姓埋名？未知！）。

∽ 譯本三 ∾

倉央嘉措情歌
——古本 124 首

莊晶翻譯、白瑪僧格點評

出自《倉央嘉措及其情歌研究》，西藏社科院出版社，1982 年

1. 在那東山頂上，升起了皎潔的月亮，嬌娘的臉蛋[1]，浮現在我的心上。

   點評 文學的手法，將不食人間煙火改寫。佛教有出世、入世之說法，此詩可以讓世人覺得佛教並非死板，而是通達人情世故的。情景相融，美不勝收！藏文原意想必十分優美，難怪倉央嘉措的詩在西藏最受歡迎。

   註釋 1.「瑪接阿媽」一詞，有人譯作少女、佳人……，是對「未生」（瑪接）一詞的誤解。這個詞並非指「沒生育過的母親」即「少女」，而是指情人對自己的恩情像母親一樣──雖然她沒生自己。這個概念很難用一個漢語的詞來表達。權且譯作「嬌娘」。

2. 去年栽下的青苗，今年已成禾束，青年衰老的身軀，比南弓還要彎曲。

3. 心中愛慕的人兒，若能夠百年偕老，不亞於從大海裡面，採來了奇珍異寶。

點評 在世間，人間親情與愛情，是無比的珍貴。在出世間，縱使百年，也難免無常。「善有善報，惡有惡報」，故人生在世，行善必不可少。

4. 邂逅相遇的嬌娘，渾身散發著芳香，恰似白色的松石，拾起來又拋到路旁。

點評 嬌娘雖美，難敵無常。有取有捨，志趣不一。故有志修行解脫者，便要學會放下俗世的嬌娘。

5. 高官顯貴的小姐，若打量她的姿容美色，就像熟透的桃子，懸於高高枝頭。

點評 孔夫子評論《詩經》時說：「詩三百，一言以蔽之，曰：思無邪。」這樣的評語用在此處也是恰當的。世間的美色，真正的修行人是不動心，而不是故意視而不見，或故意醜化。

6. 已經是意馬心猿，黑夜裡也難以安眠，白日裡又未到手，不由得心灰意懶。

點評 或指世間情愛，難分難解，輾轉反側。或指修行，要綿綿密密，不可懈怠、放逸，否則道業難成。

7. 已經過了開花的時光，蜜蜂兒不必心傷，既然是緣分已盡，我何必枉自斷腸。

點評 以世俗情愛的口氣，說勸世人看透無常，放下執著。

8. 凜凜草上霜，颺颺寒風起，鮮花與蜜蜂，怎能不分離？

點評 當無常來臨時，不必過度哀傷，因為這是宇宙的定律，那就是無常、苦、空、無我。在佛教中，佛不是萬能的，佛有七不能，即無法改變生、死、病、死、罪、福、因緣（定業）。

9. 野鴨子戀上了沼地，一心要稍事休憩，誰料想湖面封凍，這心願只得放棄。

點評 生活中不是什麼事都可以隨意的，修行也是如此，因緣福報不具足時，想得到順緣是不可能的。

10. 木船雖然無心，馬頭還回首望人[1]；無情無義的冤家，卻不肯轉臉望我一下。

點評 莊晶先生的譯本，讀之如小女子哀怨，難怪世人視倉央嘉措的詩為情詩，就是譯者之過。

註釋 1. 西藏的木船前面多刻一馬頭，面向船尾。

11. 我和集上的大姐，結下了三句誓約，如同盤起來的花蛇，在地上自己散開了。

　　點評　前後句不通——若真是如饑似渴、異性相吸，何來後二句莫名的散了場？

12. 為愛人祈福的幡兒，豎在柳樹旁邊，看守柳樹的阿哥，請別用石頭打它。

　　點評　凡是善意的事情，切莫破壞它。

13. 用手寫下的黑字，已經被雨水浸掉，心中沒寫出的情意，怎麼擦也不會擦掉。

　　點評　若在凡夫地，難免為世俗親人、情感欲念困擾，此為修行的必然經歷，畢竟修行正是修行習氣、毛病，並轉化身心，最終方能成聖成賢。

14. 印在紙上的圖章，不會傾吐衷腸；請把信義的印戳，打在各自的心房。

　　點評　以世間情愛來解，自然是兩情相悅。以道歌解之，則是信守戒律、三昧耶戒誓言，或憶念本尊不可瞬間忘失，因藏傳佛教最重觀想。

15. 繁茂的錦葵花兒，若能作祭神的供品；請把我年輕的玉蜂，也帶進佛殿裡面。

    點評 筆者認為這首詩莊教授譯得不好，語句平淡，又無意義。

16. 眷戀的意中人兒，若要去學法修行，小夥子我也要走，走向那深山的禪洞。

    點評 俗情解之，自然是愛戀之人分手。以道歌解之，則是以法為重，希求解脫。

17. 前往得道的上師座前，求他將我指點，只是這心猿意馬難收，回到了戀人的身邊。

    點評 意指欲望如猿猴般躁動，想請上師指點如何降伏。

18. 默思上師的尊面[1]，怎麼也沒能出現，沒想那情人的臉蛋兒，卻栩栩地在心上浮現。

    點評 以道歌解之，則是說特意觀想反而無法相應，這便是《金剛經》中所說的：「法尚應捨，何況非法。」只有當你空掉我執、法執，與本尊合二為一，才能得到本尊加持，真正與法相應。

    註釋 1. 默想，佛教術語為觀想，即心中想像著自己所要修的神的形象（白瑪僧格按：應為觀想佛菩薩、本尊或護法神）。

19. 若能把這片苦心，全用到佛法方面；只在今生今世，要想成佛不難！

漢傳佛教講：「初發心，成佛有餘。」這首詩也是說，若身口意與佛法相應，精進修行，當生成佛不是難事，藏傳佛教中常提到即身成佛的例子是密勒日巴尊者。

20. 純淨的水晶山上的雪水，蕩鈴子上面的露珠[1]，甘露做曲的美酒，智慧天女當壚，和著聖潔的誓約飲下，可以不墮惡途[2]。

點評 藏傳佛教講念本尊咒或某些佛、菩薩聖號，可以不墮落三惡道（地獄、惡鬼、畜生）。

註釋 1. 蕩鈴子是俗稱，學名為臭薰參，桔梗科的草藥。
2. 惡途指六道輪迴中的畜生、餓鬼、地獄三道。

21. 時來運轉的時候，樹起了祈福的寶幡，有一位名門閨秀，請我到她家赴宴。

點評 有詩云：「四大由來造化工，有聲全貴裡頭空；莫嫌不與凡夫說，只為宮商調不同。」筆者認為譯者若不懂作者的原意，所譯出的東西會偏差很大。莊晶先生這首，以俗情解讀，實為普通，只不過是福報現前，應供受請罷了。

22. 露出了皓齒微笑，向著滿座顧盼，那目光從眼角射來，落在小夥子的臉上。

點評 唐代的詩僧皎然在《詩式》一書中說過：「詩有四深——氣象氤氳，由深於體勢；意度磅礴，由深於作用；用律不滯，由深於聲對；用事不直，由深於義類。」正因為如此，筆者認

為莊晶教授有些詩譯得不夠好，無法體現倉央嘉措的詩韻，也許有些詩也後人加上去的，這也可以理解。

23. 愛情滲入了心底，「否結成伴侶？」答是：「除非死別，活著決不分離！」

點評 南朝‧梁朝的文學批評家鐘嶸在《詩品》中講過：「詩有三義焉：一曰興，二曰比，三曰賦。文已盡而意有餘，興也；因物喻志，比也；直書其事，寓言寫物，賦也。宏斯三義，酌而用之，幹之以風力，潤之以丹彩，使味之者無極，聞之者動心，是詩之至也。」所以，這首詩要麼沒譯好，要麼便不是倉央嘉措寫的。

24. 若依了情妹的心意，今生就斷了法緣；若去那深山修行，又違了姑娘的心願。

點評 俗情解讀，則說明世間五欲之樂還是很有吸引力的。以道歌解之，則前二句似不通，因為在家亦可修行，而且無論在家出家，都有獲得大成就者，如漢地的龐蘊居士，藏地的馬爾巴大師等。王安石曾寫詩給他的女兒說：「青燈一點映窗紗，好讀楞嚴莫憶家。能了諸緣如幻夢，世間唯有妙蓮花。」若能視紅塵如夢境，亦不障修行。

25. 工布小夥的心，好像蜜蜂撞上了蛛絲；剛剛纏綿了三天，又想起了佛法未來。

    點評 以俗情看，說明這小夥子將佛法視為重要的事，超過世間的情愛。

26. 你這終身的伴侶，若真是負心薄情，那頭上戴的碧玉，它可不會做聲。

    點評 這首詩懷疑不是倉央嘉措寫的。唐代的詩僧皎然在《詩式》一書中說：「詩有六至——至險而不僻；至奇而不差；至麗而自然；至苦而無跡；至近而意遠；至放而不迂。」好的詩，定有讓人驚豔之處。

27. 啟齒嫣然一笑，把我的魂兒勾跑。是否真心相愛，請發下一個誓來！

    點評 日本的一山國師曾作《牧牛頌詩》云：「一念空時萬境空，重重關隔豁然通。東西南北了無跡，只此虛玄合正宗。」世間的情愛，又有多少真的以幾句誓言就能保證終生不變心的？不如就此空去，與佛法相應。

28. 與愛人邂逅相見，是酒家媽媽牽的線，若有了冤孽情債，可得你來負擔！

以佛教因緣果報觀點看，也是不通的，酒家媽媽最多只是助緣。懷疑此首是後人亂寫添加上的。

29. 心腹話沒向爹娘講述，全訴與戀人情侶。情侶的情敵太多，私房話全被仇人聽去。

　　點評　唐代的詩僧皎然在《詩式》一書中說過：「詩有四不——氣高而不怒，怒則失於風流；力勁而不露，露則傷於斤斧；情多而不暗，暗則蹶於拙鈍；才贍而不疏，疏則損於筋脈。」

30. 情人伊楚拉姆[1]，本是我獵人捉住，卻被權高勢重的官家，諾桑甲魯奪去。

　　點評　莊晶先生的譯本一直不想點評，就是因為覺得太過庸俗，就算是世俗的情歌，也覺得譯得不好呢！如此首，就算是情人，怎麼可能是捉住？還要加上獵人二字，真有點頭上安頭的感覺。

　　註釋　1.「拉姆」即仙女。依楚拉姆、獵人和諾桑是藏戲故事《諾桑王傳》裡的人物。

31. 寶貝在自己手裡，不知道它的價值。寶貝歸了人家，不由得又急又氣。

　　點評　類似這樣的詩句，譯者的筆法或詩的內涵，讓人覺得膚淺又幼稚，不評也罷。

32. 和我相愛的情人，已經被人家娶走。心中積思成癆，身上皮枯骨瘦。

點評 以俗情解之，但為相思累，無助苦難解。以道歌解之，則說明世間的情愛是如此的牽絆，能障礙修道。

33. 情侶被人偷走，只得去打卦求籤。那位純真的姑娘，在我的夢中浮現。

點評 這樣的詩句，淺顯易懂，但卻無太大意義，疑後人所加。

34. 只要姑娘不死，美酒不會喝完。青年終身的依靠，全然可選在這裡。

點評 陶淵明有詩雲云：「誤落塵網中，一去三十年。羈鳥戀舊林，池魚思故淵。」紅塵的眷戀只會徒增傷感，無常到來之時，若無準備，只怕會慌了手腳。

35. 姑娘不是娘養的，莫非是桃樹生的？這朝三暮四的變化，怎麼比桃花凋謝還快呢？

點評 此句太過普通。南宋詩論家嚴羽在《滄浪詩話》中說：「詩之法有五：曰體制，曰格力，曰興趣，曰音節。」可見，一首好詩必然具備多種因素，這樣才能打動人心，成為流傳千古的經典之作。

36. 自幼相好的情侶，莫非是豺狼生的？雖然已結鸞儔，還總想跑回山裡。

> 點評 此詩譯得有些問題——山裡代表修行，卻在前二句說是狠心之舉。若以道歌解讀，則也可以講得通，即「紅塵欲愛不足戀，唯希山間修行地」，說明出離心重了，便不再留戀紅塵的一切。

37. 野馬跑進山裡，能用網罟和繩索套住，愛人一旦變心，神通法術也於事無補[1]。

> 點評 神通是超能力，異於常人，此詩可以說是「神通敵不過因緣」的見證。再者，求道心切的人，生死尚不懼，又如何能束縛得住他的向道之心！

> 註釋 1. 此句亦有指：寫作時，心是抓不住的。

38. 石岩加狂風搗亂，把老鷹的羽毛弄亂。狡詐說謊的傢伙，弄得我憔悴難堪。

> 點評 無論是在家修行還是出家修道，不說謊是根本的戒條之一。只有品行不好的俗人或外道，乃至惡人，才會動狡詐的心機，說欺騙人的話語。

39. 黃邊黑心的烏雲，是產生霜雹的根本。非僧非俗的出家人，是聖教佛法的禍根。

點評 修行的居士叫帶髮和尚，不修行的僧人叫光頭俗漢。所謂非僧非俗的出家人，正是指光頭俗漢，這樣的人最能敗壞佛教。當年，魔王波旬曾發誓說：「末法時，我讓魔子魔孫混入僧團，披你的袈裟，壞你的佛法！」佛聽後流淚了，說明這假的僧人危害有多大！

40. 表面化凍的土地，不是跑馬的地方。剛剛結交的新友，不能傾訴衷腸。

　　點評 這與漢地《菜根譚》中一句話相似：「見人只說三分話，不可全拋一片心」其實，這只是說明瞭人心太過複雜，太過險惡，心眼太多也未必是對的。

41. 你皎潔的面容，雖和十五的月亮相仿。月宮裡的玉兔，性命已不久長。

　　點評 此詩不通，疑後人所加俗語。

42. 這個月兒去了，下個月兒將會來到。在吉祥明月的上旬，我們將重新聚首。

　　點評 某禪師云：「四大由來造化工，有聲全貴裡頭空。莫嫌不與凡夫說，只為宮商調不同。」有些詩只有相應的人才能讀得懂，否則只會依文解義，貽笑大方。

43. 中央的須彌山王，請你屹立如常。太陽和月亮的動轉，絕不想弄錯方向。

點評 世上本無事，閒人自擾之。正如一位禪師作詩云：「千峰頂上一間屋，老僧半間雲半間。夜晚雲隨風雨去，到頭不似老僧閑。」

44. 初三的月兒光光，銀輝確實清澄明亮，請對我發個誓約，這誓可要像滿月一樣。

點評 蘇曼殊有《本事詩》詩云：「鳥舍淩波肌似雪，新持紅葉索題詩。還卿一缽無情淚，恨不相逢未 時。」無論紅塵相思的誓言，還是持戒修行的誓詞，總要圓滿一些才好，畢竟願望總是最美好的。

45. 具誓金剛護法，高居十地法界。若有神通法力，請將佛教的敵人消滅。

點評 藏傳佛教注重護法，講究憤怒金剛法，與漢傳佛教所顯慈悲之教化方法不同，但同樣的救度眾生之方便法門。

46. 杜鵑從「門隅」¹飛來，大地已經甦醒。我和情人相會，身心俱都舒暢。

門隅是倉央嘉措的故鄉，即今山南錯那縣之南錯那縣，此地與印度阿魯納恰爾邦相鄰。此詩筆者認為譯得不好，前後二句似不通。

1. 隅：詩人的故鄉。

47. 無論是虎狼豹狗，餵它點麵團就馴熟，家中的斑斕猛虎，熟了卻越發兇惡。

點評 虎狼豹狗可馴服，家中的女人難馴服，因為人的根性要比畜生好，何況每人的緣分命運不同，豈是他人能改變的？！

48. 雖然幾經歡會，卻摸不透情人的深淺，還不如在地上畫圖，能算出星辰的度數。

點評 凡夫不開口，神仙難下手。人心是莫測的海洋，豈是一般人能看得透的？

49. 我和情人幽會，在南谷的密林深處。沒有一人知情，除了巧嘴鸚鵡。巧嘴的鸚鵡啊，可別在外面洩露。

點評 以俗情解之，只是男女幽會而已。以道歌解之，情人即本尊，鸚鵡喻護法。護法也只能瞭解一些表相，又豈能知道甚深的因緣。

50. 拉薩熙攘的人群中間，瓊結[1]人模樣最甜，中我心意的情侶，就在瓊結人的裡面。

　　點評 與某種法脈傳承有緣，借世間戀人的「情有獨鍾」以表達，頗有意味。

　　註釋 1. 瓊結：山南重鎮，吐蕃故都。諺云：雅龍林木廣，瓊結人漂亮。

51. 鬍鬚滿腮的老狗，心眼比人還機靈。別說我黃昏出去，回來時已經黎明。

　　點評 祖印禪師有詩云：「一榻蕭然傍翠陰，畫局松戶冷沉沉。懶融得到平常地，百鳥街花無處尋。」老狗豈能得知僧人的密行？時間也是假相，如何把握自己的心才是最重要的。

52. 入夜去會情人，破曉時大雪紛飛。足跡已印到雪上，保密還有什麼用處？

　　點評 蘇軾有一首贈給東林長老的詩云：「溪聲便是廣長舌，山色豈非清淨身。夜來八萬四千偈，他日如何舉似人。」遊戲人間也好，密行修道也罷，外在的表相始終容易迷惑人的，就如濟公活佛，或者近代的金山活佛，又有幾個能懂得他的密行？真是：「不向迷者說，只向會者道。」

53. 住在布達拉時，是日增[1]倉央嘉措，住在「雪」[2]時候，是浪子宕桑旺波。

點評 在眾多的不同版本著作中，這樣的詩便是定倉央嘉措為「情僧」的「罪證」。當年，二祖悟道後，將衣缽傳給三祖後，特意到屠門妓院去練心。志芒禪師有詩雲：「千峰頂上一間屋，老僧半間雲半間。夜晚雲隨風雨去，到頭不似老僧閑。」 如此說來，度生是不容易的，難怪莊子冷眼看世間，或許也是因為有諸多的無奈吧。

註釋 1. 日增：或譯持明，是對密宗有造詣的僧人的稱呼。這句與下一句對照，意義就易領悟了。
　　　 2. 「雪」是布達拉宮下麵的民房。

54. 錦被裡溫香軟玉，情人兒柔情蜜意，莫不是巧施機關，想騙我少年的東西？

點評 前後句勉強成文，不通也！

55. 帽子戴到頭上，辮兒甩在背後。這個說：「請你珍惜。」那個說：「請你慢走！恐怕你又要悲傷了。過不久就會聚首！」

點評 若以所譯的文字看，毫無意義，或許是後人加的吧。

56. 潔白的仙鶴，請把雙翅借我。不會遠走高飛，到理塘[1]轉轉就回。

點評 此首詩歌，被藏傳佛教視為六世達賴將轉生到理塘，即歷史上記載的那個第七世達賴的出生地。

註釋 1. 這一首被認為是詩人的預言，後來七世達賴生於理塘，作為預言的應驗。

57. 死後到了地獄，閻王有照「業」[1]的鏡子。這裡雖無報應，那裡卻不差毫釐。

　　點評　西藏佛教最大的特點之一，便是因果報應之說。無論哪宗哪派，都很注重，是學佛最基礎的重要教理。

　　註釋　1.「業」在佛教中指一個人生時所作所為。

58. 一箭射中鵠的，箭頭鑽進地裡，遇到了我的戀人，魂兒就跟她飛去。

　　點評　以俗語解之，前後句勉強成文，不通也！以道歌解之，可以說是與本尊相應後，再也不隨著自己的習氣轉啦！

59. 印度東方的孔雀，工布[1]深處的鸚哥。生地各不相同，同來拉薩會合。

　　點評　無論是王子還是貧民，無論從事什麼樣的職業，都可以來學佛法，也都可以出家修道，在佛教裡一律平等，只有法的尊貴與否。

　　註釋　1. 工布：西藏東部林區，吐蕃九小邦之一，盛產鳴禽。

60. 人們對我指責，我只得承擔過錯，小夥兒我的腳步，曾到女店東的家裡去過。

　　點評　莫名其妙的譯文，淺顯又俗不可耐，毫無意義。

61. 柳樹愛上了小鳥，小鳥對柳樹傾心。只要情投意合，鷂鷹也無機可乘。

   點評 清代詩人、詩論家袁枚說過：「凡作詩者，各有身分，亦各有心胸。」所謂文如其人，字如其人。以倉央嘉措在西藏詩壇上的地位，他的詩肯定不是這麼平淡，甚至膚淺，或許是譯者沒能把握其精髓吧。

62. 在這短暫一生，多蒙你如此待承。不知來生少年時，能否再次重逢。

   點評 古人云：「吟詩好似成仙骨，骨裡無詩莫浪吟。」若以這般看來，倉央嘉措的詩實在太過平實，不足道也！誰之過豈？

63. 會說話的鸚哥，請你免開尊口。柳樹裡的畫眉姐，要鳴囀清歌一曲。

   點評 姜白石（薑夔）云：「人所易言，我寡言之；人所難言，我易言之：詩便不俗。」（袁枚之語）由是觀之，詩也得有自己的獨特處才好。

64. 背後凶厲的魔龍，不管它凶也不凶；為摘前面的草果，敢豁出這條性命。

點評　魔龍象徵是魔王波旬，或者是惡業障道因緣。草果象徵道果，象徵修道的成就，為了修成道果，成為解脫的人，應敢往直前，不畏艱難險阻。

65. 壓根兒沒見最好，也省得神魂顛倒。原來不熟也好，免得情絲縈繞。

點評　清代詩論家袁枚先生曾說過：「改詩難於作詩，何也？作詩，興會所至，容易成篇；改詩，則興會已過，大局已定，有一二字於心不安，千力萬氣，求易不得，竟有隔一兩月，於無意中得之者。」可見寫詩、改詩都不容易；同理，譯詩也是一件頗為不易的事，要能入作詩者的內心才可。

66. 傾訴衷腸的地方，是蓊郁的柳林深處。除了畫眉鳥兒，沒有別人知道[1]。

點評　佛印禪師有詩云：「麻磚作鏡不為難，忽地生光照大千。堪笑坐禪求佛者，至今牛上更加鞭。」可是嫌修道太過枯寂，便是頭上安頭、牛上找牛；然而，若能與上師或本尊相憶不失，則不會有孤獨之感。

註釋　1. 從這首開始，以下都是按手抄本選譯的。

67. 花兒開了又落，情侶相好變老，我與金色小蜂，從此一刀兩斷。

　　點評 蘇曼殊有詩云：「春雨樓頭尺八簫，何時歸看浙江潮。芒鞋破鉢無人識，踏過櫻花第幾橋。」時光易逝，世事無常，又有誰能預知明天的模樣？

68. 朝秦暮楚的情人，好似那落花殘紅。雖然是千嬌百媚，心裡面極不受用。

　　點評 以俗情解之，變心的戀人自然令人傷痕累累。以道歌解之，修行人看到的只有無常與因果——緣聚緣散，終歸平淡，不如多念幾句佛，幾句咒語，讓心稍能安寧。

69. 戀人長得俊俏，更加情意綿綿。如今要進山修法，行期卻延了又延。

　　點評 筆者認為莊晶先生許多的詩譯的不理想，推薦讀曾緘先生的譯本——筆者希望將來有人能再重譯倉央嘉措的詩集。南宋詩論家、詩人嚴羽在《滄浪詩話》中說：「禪家者流，乘有小大，宗有南北，道有邪正。學者須從最上乘、具正法眼，悟第一義，若小乘禪，聲聞辟支果，皆非正也。論詩如論禪，漢、魏、晉與盛唐之詩，則第一義也。大曆以還之詩，則小乘禪也，已落第二義矣；晚唐之詩，則聲聞辟支果也。」由此觀之，漢地的詩應多讀晚唐以前的作品。

70. 駿馬起步太早，韁繩攏得晚了。沒有緣分的情人，知心話說得早了。

> 點評 有緣無緣，唯有自己知道。

71. 往那鷹難山[1]上，一步一步地攀登。雪水溶成的水源，在當拉山腰和我相見。

> 點評 入世也是因緣，求法也是因緣，佛教最重因緣。古人有詩云：「千尺絲綸直下垂，一波才動萬波隨。夜靜水寒魚不食，滿船空載月明歸。」就算垂釣，也要分清時節，魚食餌也得因緣具足方可。

> 註釋 1. 在山南桑鳶寺附近。

72. 一百棵樹木中間，選中了這棵楊柳，小夥我從不知道，樹心已經腐朽。

> 點評 若以字面看，毫無新意，又如何成為好詩？

73. 河水慢慢地流淌，讓魚兒的胸懷放寬；魚兒放寬胸懷，身心都能得平安。

> 點評 南宋詩論家、詩人嚴羽在《滄浪詩話》中說：「詩者，吟詠情性也。盛唐諸人惟在興趣，羚羊掛角，無跡可求。故其妙處，透徹玲瓏，不可湊泊，如空中之音，相中之色，水中之月，鏡中之象，言有盡而意無窮。」

74. 方方的柳樹林時，住著畫眉「吉吉布尺」，只因你心眼太狠，
咱們的情分到此為止！

點評　南宋詩論家、詩人嚴羽在《滄浪詩話》中說：「學詩先除
五俗：一曰俗體，二曰俗意，三曰俗句，四曰俗字，五曰俗韻。」
學詩尚且如此，譯詩也同樣適用吧。

75. 山上的草壩黃了，山下的樹葉落了。杜鵑要是燕子，飛向門隅
多好！

點評　明代賀貽孫在《詩筏》中說道：「詩文之厚，得之內養，
非可襲而取也。」又云：「詩文有神，方可行遠。」這般觀之，
此詩要麼譯得不好，要麼就是後人所加。

76. 杜鵑從門隅飛來，為的是思念神柏，神柏變了心思，杜鵑只好
回家。

點評　明代賀貽孫說過：「古今必傳之詩，雖極平常，必有一段
精光閃鑠，使人不敢以平常目之，及其奇怪，則亦了不異人意
耳。乃知『奇』、『平』二字，分拆不得。」如此看來，平而
無奇非好詩也。

77. 會說話的鸚鵡，從工布來到這方，我那心上的人兒，是否平安
健康？

　　點評 明代賀貽孫說：「學古人詩，不可學其粗俗，非不可學，不能學也。非極細人不能粗，非極雅人不能俗。」或許，用藏語表達出俗是倉央嘉措極高明之處。

78. 一雙眸子下邊，淚珠像春雨連綿，冤家你若有良心，好好地看我一眼。

　　點評 古人云：「作詩有情有景，情與景會，便是佳詩。」此處有情而無景，或譯者之過。

79. 在離別遠行的時候，送你的是多情的秋波，永遠以微笑和真情，來把你思念相迎。

　　點評 離別時只會是離別的傷痛，又怎會是多情的秋波？此詩譯得不好。

80. 翠綠的布穀鳥兒，何時要去門隅？我要給美麗的姑娘，寄過去三次資訊。

　　點評 明代賀貽孫說：「作詩須一意渾融，前後互映。」此詩平淡無奇，非佳句也，疑後人所加。

81. 在四方的玉妥柳林裡，有一隻畫眉「吉吉布尺」，你可願和我鸚鵡結伴，一起到工布東面的地區？

以此觀之，此詩不佳。

82. 東方的工布「巴拉」¹，多高也不在話下，牽掛著我的情人，心
兒像駿馬飛奔。

點評 古人說，若好道如好色，沒有不成就的。

註釋 1. 巴拉：工布與拉薩之間的一座大山。

83. 瓊結方方的柳林，畫眉「索朗班宗」，不會遠走高飛，註定能
很快相會。

點評 前後句似不通。

84. 若說今年播種的莊稼，明年還不能收割。只有請甘露霖雨，從
天上降下來吧！

點評 一連看了多首，給人感覺是倉央嘉措寫詩的水準太差了，
田園詩不像田園詩，抒情詩不像抒情詩。

85. 姑娘美貌出眾，茶酒享用齊全，哪怕死了成神，不如對她傾心。

點評 將姑娘觀想成本尊，任何時候都不放棄。圓瑛法師有詩云：
「狂心歇處幻身融，內外根塵色即空。洞徹靈明無掛礙，千差
萬別一時通。」無論何時，都能觀想得起本尊，就能得到加持
與成就。

86. 以貪嗔吝嗇積攢，變幻妙欲之財，遇到情人之後，吝嗇結兒散開。

　　點評　在藏傳佛教裡，有「化五欲為五供養」之說，但裡面有很嚴的要求，不是為縱欲找藉口的。

87. 我和紅嘴烏鴉，未聚而人言藉藉，彼與鷂子鷹隼，雖聚卻無閒話。

　　點評　此詩有些莫明其妙，實在讀不出美感來。

88. 河水雖然很深，魚兒已被鉤住。情人口蜜腹劍，心兒還未抓住。

　　點評　孟浩然有詩云：「山頭禪室掛僧衣，窗外無人溪鳥飛。黃昏半在山下路，卻聽泉聲戀翠微。」寫得好的詩，情景交融，美感呈現。

89. 黑業白業的種子，雖是悄悄地播下。果實卻隱瞞不住，自己在逐漸成熟。

　　點評　黑業指惡業，白業指善業。業力是佛家常講的最基本的理論，業力可理解成影響力，也可以理解成能量，因為它能帶來結果，並影響你的身心。所謂「善有善報，惡有惡報」，因為行為會產生作用力，故稱業力。

90. 達布地方氣候暖和，達布姑娘長得俊俏。如果沒有「無常死神」，定能白頭偕老。

    點評 無常是宇宙的法則，萬物都無法避免。

91. 風啊，從哪裡吹來？風啊，從家鄉吹來；我幼年相愛的情侶啊，風兒把她帶來。

    點評 縱使是年青時的情侶，若發心修行，也只能放棄。

92. 在那西面峰巒頂上，朵朵白雲在飄蕩。我那意增旺姆娜，給我點起祝福的高香。

    點評 將情愛與法愛融為一體，為心愛的人祈福，將世俗的情愛昇華為大愛——慈悲。

93. 大河中的金龜，它能將水乳分開，我和情人的身心，沒有誰能拆開。

    點評 在俗，勸人恩愛與珍惜；在僧，則喻指與本尊合二為一，瞬間不離。

94. 心如哈達潔白，純樸無暇無玷；你若心有誠意，請在心上寫吧！

    點評 哈達是蒙古、西藏族人民作為禮儀用的絲織品，是社交活動中的必備品，類似於古代漢族的禮帛。獻哈達是蒙、藏人民的一種傳統禮節，無論是拜佛、祭祀、婚喪、拜年或對長輩和

貴賓表示尊敬時都需要使用哈達。白色哈達象徵純潔、吉利。在心上寫，也理解成在心輪上觀想本尊心咒。

95. 我對你心如新雲密集，赤誠纏綿眷戀相愛。你對我心如無情的狂風，一再將雲朵吹開。

點評　筆者覺得此詩譯得不理想。寒山大師有詩云：「吾心似秋月，碧潭清皎潔。無物堪比倫，教我如何說。」是啊，無論是筆者，還是倉央嘉措，真正的心境或許不是譯者所能讀懂的。

96. 蜂兒生得太早了，花兒又開得太遲了，緣分淺薄的情人啊，相逢實在太晚了。

點評　覺海法因庵主有詩云：「岩上桃花開，花從何處來？靈支才一見，回首舞三台。」無論是人間的緣分，還是出世間的法緣，缺少即不能的，故佛家常說要結善緣。佛教高僧有語云：「修慧不修福，羅漢托空缽；修福不修慧，大象掛瓔珞。」所以佛教才教導人民要多行善事。

97. 僅僅穿上紅、黃袈裟，假若就成喇嘛，那湖上的金黃野鴨，豈不也能超度眾生？

點評 藏傳佛教中，因教派的不同，僧人所穿袈裟顏色也不同，如格魯派穿黃色袈裟，寧瑪派穿紅色袈裟，噶舉派穿白色袈裟，薩迦派穿花色袈裟。是的，不是穿上袈裟就是高僧，要超度眾生，就須得在修行上證得一定的證量。

98. 向別人講幾句經文，就算「三學」[1]佛子，那能言會道的鸚鵡，也該能去講經佈道！

點評 三學，即戒學、定學、慧學，是佛教學問的總稱之一。此詩是說不要光記著名相，而不去實修，那就能鸚鵡學舌沒什麼兩樣，而且得不到佛法的真實利益。

註釋 1. 三學：戒學、定學和慧學。

99. 涉水渡河的憂愁，船夫可以為你除去；情人逝去的哀思，有誰能幫你消憂？

點評 以俗情解，則是反問語，意為這樣的無常與悲傷唯有佛法能解。

100. 到處在散布傳播，膩煩的流言蜚語。我心中愛戀的情人啊，眼睜睜地望著遠去。

點評 這樣的譯句，真的毫無吸引人之處。

101. 嚮往心兒傾注的地方，毛驢比馬還快，當馬兒還在備鞍時，毛驢已飛奔到山上。

　　點評 唐代高僧地藏法師有詩云：「空門寂寞汝思家，禮別雲房下九華。愛向竹欄騎竹馬，懶於金地聚金沙。添瓶澗底休招月，烹茗甌中罷弄花。好去不須頻下淚，老僧相伴有煙霞。」看這樣的詩句才是一種享受。

102. 在金黃蜂兒的心上，不知他是怎樣憶想。我青苗的心意，卻是盼著雨露甘霖。

　　點評 某尼有詩云：「盡日尋春不見春，芒鞋踏遍隴頭雲。歸來笑拈梅花嗅，春在枝頭已十分。」 在不經意間，想求的悟境或許就在你身邊，「驀然回首，那人就在燈火闌珊處」。

103. 故鄉遠在他方，雙親不在眼前，那也不用悲傷，情人勝過親娘。勝過親娘的情人啊，翻山越嶺來到身旁。

　　點評 白瑪僧格按：句中「情人勝過親娘」、「勝過親娘的情人啊」翻譯似有誤，俗人尚且不可能這般教導，六世達賴怎會這般說教？此首未必是六世達賴之詩歌，或譯者有誤。

104. 一庹高的桃樹枝上，桃花滿目琳瑯，請對我發個誓言，卻能及時結成碩果！

105. 俏眼如彎弓一樣，情意和利箭相仿。一下就射中了啊，我這火
熱的心房！

點評 希運禪師有詩云：「塵勞迥脫事非常，緊把繩頭做一場。
不是一番寒徹骨，爭得梅花撲鼻香。」修行本是難事，哪會容
易就能成就？以《四十二章經》看，修行最大的障礙是色欲，
不可不慎。

106. 在那山的右方，拔來無數「瞿麥」[1]。為的是洗滌乾淨，對我情
人的惡意毀謗。

點評 前後句不通也！清淨業障，有念佛，有持咒，有修觀，有
清除業障的儀規。

註釋 1. 瞿麥：石科竹，土名七寸子，可作洗滌劑。

107. 為了與情人結成眷屬，點起了虔誠高香；從那邊的左方山後，
採來了刺柏、神柏[1]。

點評 若以俗情解之，也不為過，畢竟佛教分世間與出世間，有
在家與出家之分。若以世俗人來看，為心愛的人祈福或祈求美
滿的婚姻，也是無可厚非的。

註釋 1. 刺柏、神柏：香料之材。

108. 柳樹未被砍斷，畫眉也未驚飛。玲瓏的宗加魯康[1]，當然有權去看熱鬧。

　　點評　這首譯得不通。

　　註釋　1. 宗加魯康：是布達拉宮後面男女歌舞歡樂之處。（白瑪僧格按：此條注釋有問題，應該指跳金剛舞之處，這是藏傳佛教特殊法會或修行方法之一。或此首根本非倉央嘉措所寫，待查！）

109. 人像木船的馬頭昂首張望，心如旗幡獵獵飄蕩，情人啊莫要憂傷，我倆已經注在命運冊上。

　　點評　願望雖好，卻未必能達成結果。

110. 從東面山上來時，原以為是一頭麋鹿；來到西山一看，卻是一隻跛腳的黃羊。

　　點評　凡夫的眼，總會看錯事情的真相。

111. 滿渠的流水，瀦匯於一個池中；心中如果確有誠意，請到此池中引水吧！

　　點評　所譯不通。

112. 太陽照耀四大部洲，繞著須彌山轉過來了；我心愛的情人，卻是一去不再回頭。

　　點評　無助與失望，這便是無常的真相。

113. 那山的神鳥松雞，與這山的小鳥畫眉，註定的緣分已盡了吧，中間產生了魔難。

點評 結合未必是善緣，分開或許更接近修行。

114. 你對我的情分，不要如駿馬似的牽引。你對我的意義，需要如羊羔似地放牧。

點評 若觀想本尊如這般，何愁不成就！

115. 濃郁芳香的內地茶，拌上糌粑就最香美。我看中了的情人，橫看豎看都是俊美。

點評 漢地有句話說：「情人眼中出西施。」看來這句也有這般意味。

116. 白晝看美貌無比，夜晚間肌香誘人，我的終身伴侶，比「魯頂」¹ 花更為豔麗。

點評 此首過於俗，或許不是倉央嘉措原作。

註釋 1.「魯頂」即「吉才魯頂」，位於哲蚌寺附近之園林。

117. 晃搖著白色的佳弓，準備射哪支箭？心愛的情人啊，我已恭候在虎皮箭囊之中。

點評 念念相憶，時時希求，修行之心當如此。

118. 天上沒有烏雲，地上卻刮起狂風，不要對它懷疑，提防別的方面。

　　點評 語句平淡，如死水一潭。

119. 江水向下流淌，終於流至工布地方，報春的杜鵑啊，不用滿腹愁腸！

　　點評 順其自然，不能過於強求，既然用在修行，也要適可而止，順其自然來修。

120. 由它江水奔騰激盪，任它魚兒跳躍徜徉，請將龍女措曼吉姆，留給我做終身伴侶。

　　點評 當修行到一定證量後，便可以娶明妃，這是藏傳佛教特殊修行方法，但非一般人能用。

121. 白色睡蓮的光輝，照亮整個世界，格薩爾蓮花，果實卻悄悄成熟。只有我鸚鵡哥哥，作伴來到你的身旁。

　　點評 格薩爾蓮花，可能是指雅格山上的雪蓮花，因為在雅格山上有不少格薩爾的傳說。格薩爾是藏族民間傳說中的一位傳奇英雄，藏族人認為他是「天色達草原上的格薩爾遺跡神之子」，降臨到人間降妖伏魔。此詩原意應指祈請格薩爾護法為修行者護法。

122. 情人毫無真心實意，如同泥塑菩薩一樣，好似買了一匹坐騎，卻不會馳騁飛奔。

  點評 以情人比擬菩薩，這本是錯誤的手法。後二句亦不通。

123. 乞求喇嘛神聖教誡，他也會講授的；幼年相好的情人，卻不講真心話語。

  點評 此詩譯得不通。

124. 核桃，可以砸開吃，桃子，可以嚼著吃，今年結的酸青蘋果，實在沒有法子吃。

  點評 陶淵明有詩云：「結廬在人境，而無車馬喧。問君何能爾，心遠地自偏。采菊東籬下，悠然見南山。山氣日夕佳，飛鳥相與還。此中有真意，欲辨已忘言。」有些詩句，只可意會，不可言傳，姑且評上句。

✠ 附 錄 篇 ✠

☙ 附錄一 ❧

倉央嘉措年譜

1642 年（元‧崇德七年），五世達賴羅桑嘉措成為全藏政教領袖，
時年二十五歲。

1652 年（清‧順治九年），五世達賴率三千人入北京會見順治帝，
帝下詔建黃寺。

1679 年（清‧康熙十八年），第巴桑結嘉措出世。

1682 年（清‧康熙二十一年），五世達賴死，遺囑消息秘守十二年。

1683 年（清‧康熙二十二年），一歲，倉央嘉措正月十六日生於
山南錯那縣門域地區（即與今天墨脫縣相鄰的錯那縣門達
旺），有七日同升，黃柱照耀異象，為蓮花生轉世（12 世
紀秘典《神鬼遺教》中有預言），原籍不丹，屬門巴族；出
世一年後始為人知，為家中長子，父母信仰紅教（即蓮花生
大師所創甯瑪派）。

1684 年（清‧康熙二十三年），二歲，被秘置當地，開始在巴桑
寺學經。

1689 年（清‧康熙二十八年），六歲，父親去世，隨母遷到達旺
附近的烏金淩寺。

1696 年（清．康熙三十五年），十四歲，公開倉央嘉措活佛身份，清．康熙皇帝親征葛爾丹。

1697 年（清．康熙三十六年）十五歲，第巴桑結嘉措奏清廷五世達賴已死；9 月 17 日，迎至聶塘的浪卡子從五世班禪洛桑益西受戒，法號梵音海；10 月 25 日，入布達拉宮「坐床」，成為格魯教（俗稱「黃教」）法王，坐床後刻苦學經三年。

1701 年（清．康熙四十年）十九歲，拉藏汗等蒙古部落首領不承認六世達賴。

1702 年（清．康熙四十一年）二十歲，在札什倫布寺向五世班禪要求歸還沙彌戒返俗，之前表示拒受比丘戒（事見第巴桑結嘉措所著《倉央嘉措秘密本生傳記》）。

1703 年（清．康熙四十二年）二十一歲，康熙派欽差去拉薩查驗六世法體（看是否具備聖者體徵，以推斷是不是五世達賴轉世）。

1705 年（清．康熙四十四年），二十三歲，第巴桑結嘉措被拉藏汗所殺，眾僧辯護六世達賴是「迷失菩提」、「遊戲三昧」，認為他是真達賴（是五世達賴的「轉世」）。

1706 年（清．康熙四十五年），二十四歲，5 月 17 日被押北上，經哲蚌寺被眾僧救出，後再次被抓，在青海湖附近下落不明，傳聞有二：一說去五臺山觀音洞；一說病死湖邊，其實是獨自遁去。

1707 年（清‧康熙四十六年），拉藏汗的私生子益西嘉措被立為
　　六世達賴。

1708 年（清‧康熙四十七年），二十六歲；7月，理塘「靈童」
　　格桑嘉措出世；倉央嘉措經阿裡、康定，前往峨眉山遊歷十
　　數日；之前，康區瘟疫發作，曾染上了「天花」，後痊癒。

1709 年（清‧康熙四十八年），二十七歲，經理塘、巴塘秘密回
　　拉薩，返山南地區。

1711 年（清‧康熙五十年），二十九歲，在達孜被囚，後逃脫。

1712 年（清‧康熙五十一年），三十歲，遊尼泊爾加德滿都，瞻
　　仰自在天男根。10月，隨國王去印度朝聖。

1713 年（清‧康熙五十二年），三十一歲，遊印度；4月，抵達
　　靈鷲山下，但未上去；後遇印度百年不遇的聖物——六牙大
　　白象。

1714 年（清‧康熙五十三年），三十二歲，在山南朗縣的塔布寺（即
　　後來的石門寺，寺位於天祝縣城西 11 公里的石門河峽口內
　　側的石門鄉），人稱「塔布大師」。年初，格桑嘉措被轉移
　　到康北的德格，隨後奉康熙帝之令將格桑嘉措送至西寧附近
　　的塔爾寺。

1715 年（清‧康熙五十四年），三十三歲，再次秘密返拉薩；格
　　桑嘉措在理塘寺出家，阿旺多爾濟出世。

1716 年（清‧康熙五十五年）春，三十四歲，率拉薩木鹿寺十六
　　僧人至阿拉善旗，識阿旺多爾濟一家。

1717 年（清・康熙五十六年），三十五歲，拉藏汗被準噶爾軍隊
　　所殺，偽六世達賴益西嘉措被囚藥王山寺內，7 年後死。是
　　年春，六世達賴喇嘛同十二名從侍人員前往定遠營（即今巴
　　彥浩特）晉見阿拉善旗阿寶王爺和丹顏格格（或丹顏公主，
　　一譯為「道格甚公主」），獲准修建昭化寺。中秋，倉央嘉
　　措隨丹顏格格入京，前後約半年，駐錫什 海阿拉善王府，
　　遊黃寺、皇宮，在雍和宮觀益西嘉措所獻的檀香木大佛。在
　　德勝門見第巴桑結嘉措子女被押送到京。

1718 年（清・康熙五十七年）春，三十六歲，回阿拉善。

1719 年（清・康熙五十八年），三十七歲，清朝平定準噶爾，正
　　式承認格桑嘉措為「七世達賴」。

1720 年（清・康熙五十九年）9 月 15 日，理塘「靈童」格桑嘉措
　　坐床為達賴，拉薩十餘萬人膜拜。

1721 年（清・康熙六十年），三十九歲，龍王潭公園立康熙帝所
　　撰的《平定西藏碑》。

1723 年（清・雍正元年），四十一歲，青海丹增親王叛亂，康熙
　　帝派川陝總督年羹堯平叛，塔布寺遭焚。

1727 年（雍正五年），四十五歲，重建塔布寺（即石門寺），破土
　　動工。

1730 年（雍正八年），四十八歲，在蘭州為嶽鐘祺征准葛爾大軍祝
　　禱，作法 7 日。

1733 年（雍正十一年）夏季，五十一歲，破土動工修昭化寺。

1735 年（雍正十三年），五十三歲，自籌一萬兩紋銀，派阿旺多爾濟去藏區隨班禪學經。

1736 年（清・乾隆元年），五十四歲，自阿拉善遷往青海湖的摁尖勒，前後 9 年。

1737 年（清・乾隆二年），五十五歲，五世班禪洛桑益西圓寂。

1738 年（清・乾隆三年）秋，五十六歲，阿旺多爾濟精通經文及所有論理，返回阿拉善。

1739 年（清・乾隆四年），五十七歲，昭化寺舉行了規模宏大的祝願法會，迎請倉央嘉措就坐於八獅法座，主持法事五晝夜。

1743 年（清・乾隆八年），六十一歲，塔布寺建成，前後歷時 16 年。

1745 年（清・乾隆十年），自青海湖的摁尖勒遷回阿拉善，10 月底，染病。

1746 年（清・乾隆十一年），四月初八日，在阿拉善旗承慶寺坐化，年六十四歲。

1747 年（清・乾隆十二年），六世肉身被移到昭化寺附近的高爾拉木湖水邊立塔供奉。

1751 年（清・乾隆十六年），清朝下令由七世達賴格桑嘉措掌管西藏地方政權，以「政教合一」的方式治理西藏。

1756 年（清・乾隆二十一年），開始建造廣宗寺（南寺），並將昭化寺全盤搬到了現在的廣宗寺寺址。

1757 年（清・乾隆二十二年），七世達賴圓寂。弟子阿旺多爾濟寫作完成《六世達賴喇嘛傳》（或《倉央嘉措傳》），賀蘭

山廣宗寺（即南寺）建成，六世達賴倉央嘉措被尊為廣宗寺第一代「格根」，名「德頂格根」。弟子阿旺多爾濟也被尊為「喇嘛坦」，即「迭斯爾德呼圖克圖」，於是南寺開始了兩支「活佛轉世」體系（寺裡供有六世達賴肉身塔，一直到1966年時尚存。文化大革命」時，巴彥浩特來的造反派闖入南寺，搗毀六世達賴靈塔，強迫僧侶們破壞六世達賴肉身並焚燒，佛像、佛經毀壞殆盡）。

1760年（清‧乾隆二十五年），清廷為南寺賜藏、滿、蒙、汗四種文字的乾隆皇帝禦筆金匾，並賜名為「廣宗寺」。

1930年，《六世達賴喇嘛傳》漢英譯本出版，于道泉著。

1938年，曾緘創作《布達拉宮辭》。

1981年，民族出版社出版《倉央嘉措情歌及秘傳》，莊晶譯。南寺僧人在廣宗寺（南寺）原寺址舉行夏季祈願法會，把精心收藏的六世達賴骨灰重新造塔供奉。

1982年，西藏人民出版社出版《倉央嘉措及其情歌研究》，黃顥、吳碧雲編。

1999年，中國藏學出版社出版《情天一喇嘛》。

2003年，《緣起南寺》一書出版，賈拉森著，內蒙古大學出版社。

2003年，《雪域詩佛——六世達賴喇嘛傳奇》出版，高平著，中國藏學出版社。

2005年，現任寺主賈拉森寫《關於所謂的〈倉央嘉措秘傳〉》一文。

⊰ 附錄二 ⊱
本書參考目錄

〈生死篇〉部分

1. 《情天一喇嘛——六世達賴倉央嘉措情歌及秘傳》，清・阿旺多傑著，于道泉等譯，346 頁，中國藏學出版社，1999 年。

2. 《倉央嘉措情歌及秘傳》，清・阿旺多爾濟著，莊晶譯，128 頁，民族出版社，1981 年。

3. 《倉央嘉措及其情歌研究，黃顥、吳碧雲編，560 頁，西藏社科院出版社，1982 年。

4. 《丁福保佛學大詞典》

5. 《佛光大詞典》

6. 《道家、密宗與東方神秘學》，南懷瑾著。

7. 《解決青年問題的我見》，南懷瑾著。

8. 《如何修證佛法》，南懷瑾著。

9. 《歷史的經驗》，南懷瑾著。

10. 《現代學佛者修證對話》，南懷瑾著。

11. 《靜坐修道與長生不老》，南懷瑾著。

12. 《佛學泰斗陳健民上師》，陳浩望著。

13. 《愛心中爆發的智慧》，多識・洛桑圖丹瓊排著，甘肅民族出版社，1998 年。

14. 《西藏生死之書》，索甲仁波切著，鄭振煌譯，青海人民出版社，中國社會科學出版社，1999 年。

15. 《藏秘・唐卡奧義》，白瑪僧格著，重慶出版社，2005 年。

16. 《印度佛教史》，聖嚴法師編著。

17. 《密勒日巴尊者傳》，張澄基著。

18. 《密勒日巴大師歌集》，張澄基著。

19. 《宗喀巴大師略傳》，法尊法師譯。

20. 《六世達賴倉央嘉措的尋訪、認定及坐床》，陳柏萍著，原載於《青海民族學院學報（社會科學版）》第 28 卷第 4 期。

21. 《關於倉央嘉措結局四種說法的辨析》，信理著，來源於網路。

22. 《德洛巴、那若巴、瑪爾巴、密勒日巴、岡波巴小傳》，[英]尼克・道格拉斯著，向紅笳譯，來源：網路。

23. 《關於所謂的〈倉央嘉措秘傳〉》，賈拉森著，原載於《內蒙古大學報》2005 第一期。

24. 《中國百科全書》。

25. 《中華佛教百科全書》。

26. 《佛學常見詞彙》，陳義孝編）。

〈詩歌篇〉部分

1. 《第六代達賴喇嘛倉央嘉措情歌》，于道泉譯。

2. 《西藏情歌》，劉家駒譯。

3. 《六世達賴情歌六十六首》，曾緘譯。

4. 《倉央嘉措情歌》，劉希武譯。

5. 《倉央嘉措情歌》，王沂暖譯。

6. 《倉央嘉措情歌》，蘇朗甲措、周良沛譯。

7. 《倉央嘉措情歌》，王沂暖譯。

8. 《倉央嘉措情歌選》，《人民文學》選載。

9. 《倉央嘉措情詩譯集》，《西藏文藝》選載。

10. 《倉央嘉措情歌》，莊晶譯。

相關評論文章

1. 《第六世達賴倉央嘉措情歌六十首選譯者序》，劉希武著。

2. 《倉央嘉措情歌的思想性和藝術性特色》，降大任著。

3. 《西藏倉央嘉措情歌的思想和藝術》，段寶林著。

4. 《試談倉央嘉措情歌》，毛繼祖著。

5. 《門巴族民間情歌與倉央嘉措》，于乃昌著。

6. 《倉央嘉措和他的情歌》，王振華著。

7. 《論倉央嘉措的情歌》，胡秉之著。

8. 《倉央嘉措情歌藝術談》，楊恩洪著。

9. 《六世達賴倉央嘉措》，牙含章著。

10. 《倉央嘉措情歌及秘傳導言》，莊晶著。

11. 《布達拉宮辭並序》，曾緘著。

12. 《倉央嘉措雪夜行》，盧前著。

13. 《六世達賴喇嘛詩集》（藏漢文對照本），新華社電訊。

14. 《倉央嘉措的情歌》，光明日報道。

15. 《簡介〈倉央嘉措情歌及秘傳〉一書及其作者》，賈拉森著，《阿拉善地方誌通訊》1986 年第 1 期。

16. 《試述六世達賴喇嘛倉央嘉措的心傳弟子阿旺多爾濟生平事蹟》，賈拉森著，《西北民族研究》1999 年第 1 期。

17. 《簡介〈倉央嘉措情歌及秘傳〉一書及其作者》，賈拉森著，《阿拉善地方誌通訊》1986 年第 1 期。

18. 《有關〈倉央嘉措傳〉的幾個問題》，賈拉森著，《西北民族學院學報》1984 年第三期。

延伸閱讀

英文版本

1. 于道泉 1930 年譯本。

藏文版本

1. 達斯 1915 年輯本。

2. 于道泉 1930 年本。

3. 青海人民出版社 1981 年整理本。

4. 1981 年莊晶整理本。

漢文版本

1. 《倉央嘉措情歌及秘傳》，清・阿旺多爾濟著，莊晶譯，128頁，民族出版社，1981 年。有漢文、藏文兩種版本。

2. 《情天一喇嘛——六世達賴倉央嘉措情歌及秘傳》，清・阿旺多傑著，于道泉等譯，346 頁，中國藏學出版社，1999 年。

3. 《倉央嘉措及其情歌研究》，黃顥、吳碧雲編，560 頁，《西藏研究》叢刊之三，西藏人民 82 年（85 年再版）。此本最全。

4. 于道泉、劉家駒、曾緘、劉希武、王沂暖、周良沛等人的譯本或相關著作。

5. 《緣起南寺》，賈拉森著，內蒙古大學出版社，2003 年 8 月。

6. 《六世達賴喇嘛傳兩種》，賈拉森著，內蒙古人民出版社出版，1999 年 12 月。

7. 《敏居喬珠瑪》，五世達賴喇嘛著，塔爾寺木刻版。

8. 《一切知語自在法稱海妙吉祥傳記——殊異聖行妙音天界琵琶音》，清・達爾吉諾門汗著，阿拉善南寺 18 世紀木刻版。

9. 《安多政教史》，貢卻乎丹巴饒吉著，吳均等人漢譯，甘肅民族出版社，1989 年 4 月，蘭州。

10. 《蒙古政教史》，達木卻嘉木蘇著，何・全布勒譯，民族出版社，1996 年 3 月，北京。

11. 《蒙文篆刻》，朝洛蒙，內蒙古教育出版社，1996 年 1 月，呼和浩特。

12. 《傳記禮讚頌——加持之源》，洛桑圖布丹嘉木蘇著，阿拉善南寺木刻版。

13. 《秘傳頌》，棻西巴丹著，塔爾寺木刻版。

14. 《一切知語自在法祥妙本生的殊勝妙音天界琵琶音》，拉薩哲通廈家木刻版。

15. 《倉央嘉措情歌及秘傳》，清・阿旺多爾濟著，莊晶譯，民族出版社，1981 年 8 月，北京。

16. 《隆多喇嘛全集》。

國家圖書館出版品預行編目（CIP）資料

倉央嘉措塵封三百年的祕密：解開六世
達賴生死之謎 / 白瑪僧格著. -- 初版. --
新北市：大喜文化, 民 102.06
面； 公分. --（掃葉新解；5）

ISBN 978-986-89471-1-5（平裝）

1.達賴喇嘛六世 2.藏傳佛教 3.佛教傳記

226.969　　　　　　　　　102008340

掃葉新解 05

倉央嘉措塵封三百年的祕密：解開六世達賴生死之謎

作　　者：白瑪僧格
責任編輯：張幸雯
出版製作：掃葉山房企畫部
出　　版：大喜文化有限公司
發 行 人：梁崇明
P.O.BOX：中和郵政第 2-193 號信箱
發 行 處：新北市中和區板南路 498 號 7 樓之 2
電　　話：(02)2223-1391
傳　　真：(02)2223-1077
E - m a i l：joyeditor01@gamil.com
銀行匯款：銀行代號：050，帳號：002-120-348-27
　　　　　臺灣企銀，帳戶：大喜文化有限公司
劃撥帳號：5023-2915，帳戶：大喜文化有限公司
總經銷商：聯合發行股份有限公司
地　　址：新北市新店區寶橋路 235 巷 6 弄 6 號 2F
電　　話：(02)2917-8022
傳　　真：(02)2915-7212
初　　版：中華民國 102 年 6 月

定　　價：350 元
網址：www.facebook.com/joy131499